COLLECTION
ÉPISTOLAIRE

DES FEMMES CÉLÈBRES

DU SIÈCLE DE LOUIS XIV,

SUIVIE DES

SOUVENIRS DE Mme DE CAYLUS;

(Pour faire suite aux Lettres de Mesdames de Sévigné, Maintenon, du Deffant, Lespinasse et du Chatelet).

TOME QUATRIÈME,

Contenant les Souvenirs de Madame de Caylus.

PARIS.
CHAUMEROT JEUNE, LIBRAIRE,
Palais-Royal, Galeries de bois, N.º 189;
Et chez les principaux Libraires.

1823.

SOUVENIRS

DE

MADAME DE CAYLUS.

DE L'IMPRIMERIE DE P.-N. ROUGERON.

SOUVENIRS

DE

MADAME DE CAYLUS,

SUIVIS

DE QUELQUES-UNES DE SES LETTRES.

NOUVELLE ÉDITION,

Précédée d'une Notice biographique et littéraire,
par M. Auger, de l'Académie française,
et des Notes de VOLTAIRE.

PARIS.

CHAUMEROT JEUNE, LIBRAIRE,
PALAIS-ROYAL, GALERIES DE BOIS, N.º 189;
Et chez les principaux Libraires.

1823.

NOTICE

SUR

MADAME DE CAYLUS.

Les *mémoires* sont un genre de littérature entièrement inconnu aux anciens, à moins qu'on ne veuille ranger parmi les ouvrages de ce genre les *Commentaires de César*, qui sont un journal militaire, et n'ont de commun avec ce que nous appelons *mémoires*, que de présenter des faits racontés par celui même qui y a figuré comme principal acteur. Dans l'acception ordinaire, les *mémoires* sont des histoires ayant pour objet les événemens politiques, les intrigues des cabinets et des cours, et composées par des personnes qui ont eu part aux affaires ou qui en ont été les témoins. Tels sont ceux de Sully, de Retz, de La Rochefoucauld, de La Fare, de Torcy, de Montgon, de Saint-Simon, etc.

J'ai dit que les *mémoires* étaient un genre

d'écrits moderne ; je pourrais ajouter qu'il est d'origine française, et qu'aucune nation n'en a plus fourni que la nôtre. Ceux de Philippe de Commines tiennent le premier rang pour l'ancienneté et presque pour le mérite.

Les temps de trouble sont les plus fertiles en *mémoires*. Lorsqu'un règne est paisible, qu'il n'offre aucun de ces grands événemens qui font naître les factions et mettent en jeu tous les ressorts de l'intrigue, les personnages les plus importans n'ont, pour ainsi dire, point de secrets à apprendre à la postérité, et l'histoire suffit pour lui retracer une époque où les faits et les hommes, les causes qui ont produit les uns et les passions qui ont fait agir les autres, n'ont rien qui intéresse, ou que l'on ne puisse apercevoir de soi-même. Il en est tout autrement des époques où les empires éprouvent de ces agitations intestines qui déplacent les hommes, développent des caractères, des passions, des vices, des vertus et des talens nouveaux, et entraînent tous les esprits dans une sphère d'activité, hors de laquelle nul ne peut se placer ou se tenir long-temps. Alors chacun, excité par ses ressentimens, appelé par ses espérances, s'immisce ou veut s'immiscer dans les affaires de l'état, en contrarie les ressorts s'il ne peut les diriger ; et chacun, acteur ou témoin, vainqueur ou vaincu dans cette lutte politique, observe et note les événemens et leurs causes, avec ce soin, cet intérêt qu'excitent en lui la nouveauté des circonstances et plus encore l'importance du rôle qu'il joue ou qu'il voudrait jouer. Voilà sans doute ce qui fait que la Ligue et la Fronde ont enfanté tant de *mémoires :* et qui sait si la révolution française n'en a pas aussi produit un grand nombre qui n'attendent, pour paraître, qu'une époque où leur publication ne puisse pas nuire à leurs auteurs ? (1)

Les *mémoires* dont l'objet est de retracer les époques orageuses, sont sans contredit les plus attachans ; mais il en est d'autres qui, sans offrir des événemens aussi importans, des tableaux aussi variés, aussi animés, n'en ont pas moins beaucoup de charme pour le lecteur moraliste et observateur ; ce sont ceux qui nous font voir l'intérieur de la cour d'un grand roi, le triomphe ou la chute des maîtresses, les succès ou les disgrâces des courtisans ; font passer en revue, peignent par des anecdotes et par des mots,

(1) Cette notice a été écrite en 1804, par M. Auger, aujourd'hui membre de l'Académie. Les *Mémoires sur la Révolution* paraissent ; MM. Barrière et Berville les ont mis en ordre, avec des notices.

les personnages du temps les plus distingués par la naissance ou les emplois, les grâces ou les talens. La cour de Louis XIV, dont on voit bien que je parle ici, fait la matière d'un assez grand nombre de *mémoires*, et presque tous se font lire avec plaisir. Voltaire en donne ainsi la raison : « Louis XIV mit dans sa cour, comme
» dans son règne, tant d'éclat et de magnifi-
» cence, que les moindres détails de sa vie sem-
» blent intéresser la postérité, ainsi qu'ils étaient
» l'objet de la curiosité de toutes les cours de
» l'Europe et de tous les contemporains. La
» splendeur de son gouvernement s'est répan-
» due sur ses moindres actions. On est plus avide,
» surtout en France, de savoir les particularités
» de sa cour que les révolutions de quelques au-
» tres états. Tel est l'effet de la grande réputa-
» tion : on aime mieux apprendre ce qui se
» passait dans le cabinet et dans la cour d'Au-
» guste, que le détail des conquêtes d'Attila et
» de Tamerlan. »

On convient généralement qu'il est peu de lectures plus agréables que celle des *mémoires*; mais on sent en même temps qu'il est peu d'ouvrages dont le lecteur doive se défier davantage.

Il aurait bien tort de fonder sa confiance sur ce que les auteurs de ces écrits ont vu les événemens qu'ils racontent, et encore moins sur ce qu'ils y ont pris part. Dans les deux cas, et surtout dans le dernier, les passions, les intérêts, les liaisons, les inimitiés, tous les motifs de partialité, ont pu, je dirais presque ont dû influer, même à leur insu, sur leur opinion, sur leur manière de voir les faits et de les présenter. Pour séparer du vrai le faux que leurs préventions ou leur amour-propre y peuvent avoir mêlé, et apprécier la mesure de croyance que nous pouvons accorder en général aux choses qu'ils nous racontent, nous n'avons que deux règles de critique, mais heureusement elles sont assez sûres. La première est de confronter les divers récits qui ont été faits des mêmes événemens, de balancer leur authenticité, leur poids, leur vraisemblance, l'appui plus ou moins solide, plus ou moins répété, que chacun d'eux reçoit des dépositions conformes, et de s'arrêter à celui de tous qui réunit ces avantages en plus grand nombre et au plus haut degré. La seconde règle consiste à s'assurer du caractère connu de l'écrivain, et de la situation plus ou moins désintéressée où il se trouvait par rapport aux événemens et aux personnes; et, pour cet examen, le ton de ses récits et presque de son style, ne peut qu'ajouter beaucoup aux lumières qu'on tirera du témoignage des contemporains.

On peut soumettre les *Souvenirs de madame de Caylus* à ce double genre d'épreuve. On trouvera que celle qui les a écrits est entièrement d'accord sur tous les événemens importans, comme sur les petites particularités, avec tout ce qu'il y a d'auteurs plus instruits et plus accrédités : ce qui établit une très-forte présomption en faveur des faits dont elle seule nous donne connaissance. On trouvera encore que, placée convenablement, soit pour observer les choses, soit pour les apprendre des personnages les mieux informés, elle n'a joué aucun rôle, et que par conséquent elle ne peut avoir eu un intérêt direct et personnel à taire ou à altérer la vérité; et si les liens de parenté et de reconnaissance qui l'unissaient à madame de Maintenon la faisaient soupçonner un moment d'avoir été trop favorable à cette illustre favorite, la naïve simplicité de ses récits, que ne dément d'ailleurs aucun des écrivains les moins indulgens envers l'épouse secrète de Louis XIV, suffirait pour rassurer sur son impartialité.

L'époque qu'elle décrit n'est plus cette époque brillante où Louis XIV, jeune, entouré de héros, au milieu d'une cour aimable et voluptueuse, éblouissait l'univers entier par l'éclat des victoires et des fêtes ; elle peint les temps tristes et malheureux où ce roi, vieilli, privé des grands généraux qui l'avaient servi, et subjugué par des conseils que dictait la piété plus que la politique, expiait ses plaisirs par la dévotion, ses conquêtes par des défaites, plus grand toutefois dans son courage tranquille et résigné, qu'il ne l'avait été dans l'ardeur immodérée de son ambition. Il me semble qu'une pareille époque est la plus digne d'arrêter les regards de l'homme d'état et du philosophe, celle qui offre le plus de leçons à l'un, le plus de matière aux méditations de l'autre.

Madame de Caylus a trouvé le titre de *Mémoires* trop fastueux ; elle a choisi celui de *Souvenirs*, qui, au fond, a la même signification, mais qui lui a paru exprimer plus exactement la nature de son ouvrage et la manière dont il a été composé. On lui avait demandé un récit des événemens qui s'étaient passés sous ses yeux, ou dont elle avait été instruite par les personnes qui les connaissaient le mieux. Elle chercha à *s'en souvenir*, et elle les écrivit sans autre dessein que de complaire à ses amis. Les *Souvenirs de madame de Caylus* ont de commun avec les

Lettres de madame de Sévigné, de n'avoir point été écrits pour le public : aussi trouve-t-on dans les uns et dans les autres cet aimable abandon, ce désordre piquant, ces tours irréguliers, mais vifs et heureux, qui distinguent la conversation d'une femme qui réunit les grâces de l'esprit à celles du bon ton, et que, dans les ouvrages d'un certain genre, les personnes d'un goût fin et délicat préféreront toujours aux formes étudiées, à la marche méthodique et à la sécheresse grammaticale.

Les *Souvenirs de madame de Caylus* ne sont point achevés. Il n'est personne qui, les ayant lus, n'ait vivement regretté qu'elle ne les ait pas poussés plus loin. Ils sont restés manuscrits du vivant de l'auteur, et bien long-temps encore après sa mort. Les copies s'en étaient multipliées, et ces copies étaient devenues de plus en plus fautives. Enfin, en 1770, ils furent imprimés pour la première fois à Amsterdam, chez Jean Robert. Cette édition in-8.°, accompagnée d'une préface et de notes attribuées à Voltaire, est pleine de lacunes et de transpositions, sans compter les innombrables fautes de typographie. Le sens y est tellement altéré en mille endroits, qu'il faut beaucoup de soin et presque de bonheur pour le rétablir. La même année 1770,

Marc-Michel Rey en donna une autre édition in-12, sans préface, et avec un très-petit nombre de notes explicatives. Celle-ci est infiniment mieux exécutée et plus correcte; elle contient plusieurs passages assez longs et très-intéressans qu'on avait supprimés dans l'autre par des raisons que je ne devine point. Cependant, comme elles ont sûrement été faites toutes deux sur des copies différentes, celle de Jean Robert offre, en quelques endroits un texte meilleur que celle de Marc-Michel Rey. Enfin, en 1778, on imprima pour la troisième fois, à Mastricht, les *Souvenirs de madame de Caylus* à la suite des *Mémoires de madame de Maintenon*. Cette édition, faite sur celle de Jean Robert, présente absolument les mêmes fautes, et elle ne lui est préférable qu'en ce qu'elle donne quelques-uns des passages rétablis dans l'édition de Marc-Michel Rey; du reste, on y trouve les notes attribuées à Voltaire, mais non point la préface. Ces trois éditions sont devenues fort rares. J'ai pensé que ce détail, peu curieux pour le commun des lecteurs, ne serait pas sans quelque mérite pour les bibliographes; mais ce qui doit intéresser le public en entier, c'est que l'édition qu'on lui donne aujourd'hui est la plus complète de toutes, et qu'elle joint à cet avantage celui d'une exécution typographique très-soignée. On a mis à la suite des *Souvenirs* un choix des lettres de madame de Caylus ; elles ont été toutes insérées dans le recueil de celles de madame de Maintenon. Il y en a un assez grand nombre d'insignifiantes, et cela devait être : madame de Caylus n'avait point avec madame de Maintenon, quelque attachement qu'elle eût pour elle, cette confiance *expansive*, cette liberté enjouée que madame de Sévigné, par exemple, avait avec sa fille, et qui donnent un grand charme à ses moindres lettres. Néanmoins, parmi celles de madame de Caylus, on en trouve quelques-unes qui, sans être d'un intérêt bien vif pour le fond, sont très-remarquables par l'agrément des détails et les grâces du style : ce sont celles-là qu'on a conservées.

Je vais terminer en rassemblant ce que j'ai pu recueillir de faits sur la vie de madame de Caylus, tant dans ses *Souvenirs* que dans les autres livres qui font mention d'elle.

Marthe - Marguerite de Murçay - Villette, marquise de Caylus, naquit en 1673.

Benjamin de Valois, marquis de Villette, son grand-père, avait épousé Arthemise d'Aubigné, fille du fameux Théodore-Agrippa d'Aubigné, dont le fils fut père de madame de Maintenon. Le marquis de Villette, fils de Benjamin de Valois, était le cousin de madame de Maintenon, et par conséquent madame de Caylus, sa fille, était la nièce de celle-ci, à la mode de Bretagne.

M. de Villette était un huguenot très-zélé; madame de Maintenon, qui désirait le bien de sa famille pour ce monde-ci et pour l'autre, essaya de lui faire abjurer sa croyance. N'ayant pu y réussir (1), elle voulut au moins convertir ses enfans. Il avait un grade dans la marine; elle se concerta avec le ministre de ce département, pour lui faire faire un voyage de long cours. A peine fut-il embarqué, qu'une de ses sœurs, accoutumée à changer de religion, et qui venait de se convertir pour la deuxième ou troisième fois, enleva la jeune mademoiselle de Villette à sa mère, et l'amena à Paris. Madame de Maintenon vint l'y prendre, et la conduisit à Saint-Germain. La jeune catéchumène pleura d'abord beaucoup : mais le lendemain elle trouva la messe du roi si belle, qu'elle consentit à se faire catholique, à condition qu'elle l'entendrait

(1) M. de Villette se convertit par la suite. Comme le roi l'en félicitait, il lui répondit que c'était la seule occasion de sa vie où il n'avait point eu pour objet de lui plaire.

tous les jours et qu'on l'exempterait du fouet. « Ce fut là, dit-elle, toute la controverse qu'on » employa, et la seule abjuration que je fis. »

Madame de Maintenon ne borna point là son zèle pour mademoiselle de Villette. Elle prit un soin particulier de son éducation : non-seulement elle lui donna des maîtres, mais elle lui en servit elle-même. Elle provoquait et dirigeait ses réflexions ; elle lui faisait rendre compte de ses lectures et des sermons qu'elle avait entendus ; elle exigeait d'elle qu'elle écrivît chaque jour une lettre à quelque personne de son choix, et elle en approuvait ou corrigeait le style.

Mademoiselle de Villette était à Saint-Cyr, et elle partageait tous les exercices de cette maison. Pour remplacer *Cinna*, que les jeunes pensionnaires jouaient assez mal, *Andromaque* qu'elles ne jouaient que trop bien, et les pièces de madame Brinon, la supérieure, que madame de Maintenon trouvait par trop mauvaises, Racine avait fait *Esther*. On connaît l'histoire de cette tragédie, et son succès dû encore plus à d'heureuses allusions qu'au charme inimitable de la versification. Mademoiselle de Villette ne devait point y avoir de rôle ; mais entendant Racine lire les scènes de sa pièce à madame de Maintenon, à mesure qu'il les composait, elle en retenait des vers. Racine, devant qui elle en récita quelques-uns, fut si content de son débit, qu'il désira l'avoir pour une de ses actrices ; et, comme elle ne voulut prendre aucun des rôles qui étaient déjà destinés, il composa pour elle le beau prologue de *la Piété*. Par la suite, elle joua successivement tous les rôles de la pièce. On blâma fort madame de Maintenon de ce qu'elle faisait voir ainsi sa nièce, sur un théâtre, à toute la cour.

La faveur de la tante ne pouvait manquer d'attirer sur cette nièce, très-jolie d'ailleurs, les regards et les vœux des courtisans. M. de Roquelaure la demanda en mariage. Madame de Maintenon lui répondit que c'était une enfant qu'elle ne songeait pas si tôt à établir, et elle lui fit épouser mademoiselle de Laval, soupçonnée d'avoir plu au roi : ce qui donna lieu à mille épigrammes, dont on prétend que les meilleures étaient de lui-même. M. de Boufflers essuya le même refus de la part de madame de Maintenon, qui lui dit : « Ma nièce n'est pas un assez grand
» parti pour vous ; je n'en sens pas moins ce
» que vous voulez faire pour moi. Je ne vous la
» donnerai point, mais je vous regarderai à
» l'avenir comme mon neveu. » Elle lui tint

parole, en lui procurant les occasions de faire usage de ses grands talens militaires.

Elle maria mademoiselle de Villette, lorsqu'elle n'avait pas encore treize ans, à Jean-Anne de Tubière, marquis de Caylus. Le roi donna à la jeune épouse une modique pension et un collier de perles de dix mille écus, et il fit son mari menin de Monseigneur (1). De tous les parens de madame de Maintenon, madame de Caylus fut la seule qui ne se plaignit pas de ce qu'elle faisait trop peu pour elle, et elle seule peut-être avait le droit de former cette plainte.

Madame de Maintenon trouva sa nièce trop jeune pour être tout de suite établie à la cour. Madame de Caylus vint donc demeurer à Paris, chez sa belle-mère; mais, un an après, on lui donna un appartement à Versailles, et madame de Maintenon pria madame de Montchevreuil, son amie, de veiller sur sa conduite.

Elle s'attacha à madame la duchesse (2). En vain sa tante lui avait-elle dit : « Il ne faut ren- » dre à ces gens-là que des respects, et ne s'y

---

(1) Le dauphin, fils de Louis XIV.
(2) Mademoiselle de Nantes, fille du roi et de madame de Montespan, et femme de M. le duc de Bourbon, fils du grand Condé.

» jamais attacher ; les fautes que madame la
» duchesse fera retomberont sur vous , et les
» choses raisonnables qu'on trouvera dans sa
» conduite ne seront attribuées qu'à elle. » Elle
n'écouta point ce sage conseil. « Mon goût l'em-
» porta, dit-elle ; je me livrai toute entière à
» madame la duchesse, *et je m'en trouvai mal.*»
Encouragée, sans doute, par l'approbation que
cette princesse donnait à ses railleries, elle s'en
permit un jour de très-vives sur la dévotion de
madame de Montchevreuil. Madame la duchesse
en fit part à madame de Bouzoles, son amie intime. Le roi, à qui la lettre tomba dans les
mains, trouva de l'impiété dans ces plaisanteries, et madame de Caylus reçut l'ordre de quitter la cour. « Ainsi, dit-elle, madame de Main-
» tenon avait eu raison de m'avertir qu'il n'y
» avait rien de bon à gagner avec ces gens-
» là. » Ce premier exil fut long ; elle avait dit,
en recevant l'ordre : « On s'ennuie si fort dans
» ce pays-ci, que c'est être exilée que d'y vi-
» vre » ; et l'on avait charitablement redit ce
mot au roi. Elle fut exilée une seconde fois :
cette nouvelle disgrâce lui fit faire une retraite
de huit jours aux Carmelites, où sa tante alla
la chercher pour la ramener à la cour.

Pendant assez long-temps, madame de Caylus

déplut au roi, qui la trouvait précieuse et coquette. Madame de Maintenon, qui avait été aussi victime des préventions de ce prince, et qui avait trouvé l'art de l'en faire revenir, dissipa celles qu'il avait conçues contre sa nièce.

Madame de Caylus qui, depuis la mort du roi, vivait à Paris, et demandait souvent à madame de Maintenon la permission, qu'elle n'obtenait pas toujours, d'aller lui rendre visite à Saint-Cyr, y passa les huit jours qui précédèrent la mort de sa tante. Quelque temps après le czar Pierre la trouvant dans une société, et apprenant qu'elle était la nièce de cette femme célèbre, alla vers elle, la prit par la main, la regarda beaucoup, et lui fit mille politesses à sa manière. On sait qu'il était allé voir madame de Maintenon elle-même à Saint-Cyr, et qu'après lui avoir fait faire une ou deux questions par son interprète, il s'était mis à considérer fort attentivement sa figure.

On voit, par les lettres que madame de Maintenon écrivait à madame de Caylus, qu'elle avait une véritable amitié pour sa nièce, et ne cessait de lui donner des avis. Elle lui conseillait, entr'autres choses, de vivre de bonne heure en vieille, comme elle-même avait fait. « On » est déchaîné ici contre vous, lui écrivait-

» elle un jour; on dit que vous n'avez jamais
» été dévote que par politique, et que vous
» pensez sérieusement à vous remarier. Votre
» conduite forcera vos ennemis à se taire. »
Une autre fois elle lui mandait : « Vous êtes plus
» vive que moi sur l'article du jansénisme ; je
» vous le pardonne, mais il faut souffrir que
» chacun parle à sa mode. » A voir la liberté
avec laquelle madame de Caylus traite les matières de religion dans ses *Souvenirs*, on ne se
douterait jamais qu'elle ait été intolérante, et,
sans vouloir faire aucun tort à sa mémoire, je
penserais presque comme ses ennemis, dont lui
parle madame de Maintenon, qu'il entrait un
peu de politique dans sa dévotion.

Madame de Caylus est une des personnes à
qui madame de Maintenon faisait confidence de
ses déplaisirs dans un état que les autres ne
voyaient qu'avec envie. On raconte qu'un jour
à Fontainebleau, comme elles regardaient toutes
deux les carpes d'un bassin, madame de Caylus
fit remarquer à sa tante qu'elles semblaient tristes et languissantes: *Elles sont comme moi*, dit
madame de Maintenon, *elles regrettent leur
bourbe*.

Madame de Caylus eut avec le duc de Villeroi une liaison qui éclata : ce qui lui causa des désagrémens assez vifs, dans un temps où les pratiques de la piété avaient remplacé à la cour les plaisirs et la galanterie. On lui donna aussi M. le Dauphin pour amant : mais ce bruit n'était sans doute qu'une conjecture maligne et fausse.

Sous la régence, et après la mort de sa tante, madame de Caylus ouvrit sa maison aux personnages les plus aimables du temps. On y voyait Villeroi, devenu son ami ; l'abbé de Rohan, jeune voluptueux, qui savait allier les affaires aux plaisirs ; et La Fare, à qui son aversion pour madame de Maintenon n'avait point fermé les yeux sur le mérite et les agrémens de sa nièce. Il fit pour elle ce joli madrigal :

> M'abandonnant à la tristesse,
> Sans espérance, sans desirs,
> Je regrettais les sensibles plaisirs
> Dont la douceur enchanta ma jeunesse :
> Sont-ils perdus, disais-je, sans retour ?
> Et n'es-tu pas cruel, Amour,
> Toi que je fis dès mon enfance
> Le maître de mes plus beaux jours,
> D'en laisser terminer le cours
> Par l'ennuyeuse indifférence ?
> Alors j'aperçus dans les airs
> L'enfant maître de l'univers,
> Qui, plein d'une joie inhumaine,

Me dit en souriant : Tyrcis, ne te plains plus,
Je vais mettre fin à ta peine :
Je te promets un regard de Caylus.

Madame de Caylus s'était trouvée veuve à près de trente-deux ans : elle ne se remaria point. Elle avait eu de son mari plusieurs enfans, dont l'un fut Anne-Claude-Philippe de Tubière de Caylus, antiquaire distingué, et auteur de plusieurs romans de féerie et de chevalerie (1).

Madame de Caylus mourut le 15 avril 1729, âgée de cinquante-six ans, un an après avoir rédigé ses *Souvenirs*.

---

(1) Il était né en 1692, et il est mort le 5 septembre 1765. Le monument qu'on lui avait élevé dans l'église de Saint-Germain-l'Auxerrois était une urne de forme antique, dont lui-même avait donné le dessin.

PRÉFACE

DE L'ÉDITION IN-8.° DONNÉE EN 1770,

CHEZ JEAN ROBERT.

Cet ouvrage de madame de Caylus est un de ceux qui font le mieux connaître l'intérieur de la cour de Louis XIV. Plus le style en est simple et négligé, plus sa naïveté intéresse. On y retrouve le ton de sa conversation; elle n'a point *tâché*, comme disait M. le duc d'Antin. Elle était du nombre des femmes qui ont de l'esprit et du sentiment sans en affecter jamais. C'est grand dommage qu'elle ait eu si peu de souvenir, et qu'elle quitte le lecteur lorsqu'il s'attend qu'on lui parlera des dernières années de Louis XIV et de la régence. Peut-être même l'esprit philosophique qui règne aujourd'hui ne sera pas trop content des petites aventures de cour, qui sont l'objet de ces mémoires. On veut savoir quels ont été les sujets des guerres ; quelles ressources on avait pour les finances ; comment la marine dépérit après avoir été portée au plus haut point où on l'eût jamais vue chez aucune nation ; à quelles extrémités Louis XIV fut réduit ; comment il soutint ses malheurs, et comment ils furent réparés ; dans quelle confusion son confesseur le Tellier jeta la France, et quelle part madame de Maintenon put avoir à ces troubles intestins, aussi tristes et aussi honteux que ceux de la Fronde avaient été violens et ridicules. Mais tous ces objets ayant été presque épuisés dans l'histoire du siècle de Louis XIV, on peut voir avec plaisir de petits détails qui font connaître plusieurs personnages dont on se souvient encore.

Ces particularités mêmes servent dans

plus d'une occasion à jeter de la lumière sur les grands événemens.

D'ordinaire les petits détails des cours, si chers aux contemporains, périssent avec la génération qui s'en est occupée ; mais il y a des époques et des cours dont tout est long-temps précieux. Le siècle d'Auguste fut de ce genre. Louis XIV eut des jours aussi brillans, quoique sur un théâtre beaucoup moins vaste et moins élevé. Louis XIV ne commandait qu'à une province de l'empire d'Auguste ; mais la France acquit sous ce règne tant de réputation par les armes, par les lois, par de grands établissemens en tout genre, par les beaux-arts, par les plaisirs mêmes, que cet éclat se répand jusque sur les plus légères anecdotes d'une cour qui était regardée comme le modèle de toutes les cours, et dont la mémoire est toujours précieuse.

Tout ce que raconte madame la marquise

de Caylus est vrai; on voit une femme qui parle toujours avec candeur. Ses *Souvenirs* serviront surtout à faire oublier cette foule de misérables écrits sur la cour de Louis XIV, dont l'Europe a été inondée par des auteurs faméliques qui n'avaient jamais connu ni cette cour, ni Paris.

Madame de Caylus, nièce de madame de Maintenon, parle de ce qu'elle a entendu dire et de ce qu'elle a vu, avec une vérité qui doit détruire à jamais toutes ces impostures imprimées, et surtout les prétendus *Mémoires de madame de Maintenon*, compilés par l'ignorance la plus grossière et par la fatuité la plus révoltante, écrits d'ailleurs de ce mauvais style des mauvais romans qui ne sont faits que pour les antichambres.

Que penser d'un homme qui insulte au hasard les plus grandes familles du royaume, en confondant perpétuellement les noms, les événemens; qui vous dit d'un ton assuré que *M. de Maisons , premier président du parlement , avec plusieurs conseillers , n'attendaient qu'un mot du duc du Maine pour se déclarer contre la régence du duc d'Orléans* , tandis que M. de Maisons, qui ne fut jamais président, avait arrangé lui-même tout le plan de la régence;

Qui prétend que la princesse des Ursins, à l'âge de soixante et un ans, avait inspiré à Philippe V, roi d'Espagne, une violente passion pour elle;

Qui ose avancer que *les articles secrets du traité de Rastadt excluaient Philippe V du trône* , comme s'il y avait eu des articles secrets à Rastadt;

Qui a l'impudence d'affirmer que Monseigneur, fils de Louis XIV, *épousa mademoiselle Chouin* , et rappelle sur cette fausseté tous les contes absurdes imprimés chez les libraires de Hollande ;

Qui, pour donner du crédit à ces contes,

cite l'exemple d'Auguste, lequel, selon lui, était amoureux de Cléopâtre ? C'est bien savoir l'histoire !

Voilà par quels gredins la plupart de nos histoires secrètes modernes ont été composées. Quand madame de Caylus n'aurait servi, par ses mémoires, qu'à faire rentrer dans le néant les livres de ces misérables, elle aurait rendu un très-grand service aux honnêtes gens, amateurs de la vérité.

SOUVENIRS

DE

MADAME DE CAYLUS.

Le titre de Mémoires, quoique de toutes les façons d'écrire la plus simple et la plus libre, m'a cependant paru encore trop sérieux pour ce que j'ai à dire, et pour la manière dont je le dis. J'écris des souvenirs sans ordre, sans exactitude, et sans autre prétention que celle d'amuser mes amis, ou du moins de leur donner une preuve de ma complaisance : ils ont cru que je savais des choses particulières d'une cour que j'ai vue de près, et ils m'ont priée de les mettre par écrit. Je leur obéis : sûre de leur fidélité et de leur amitié, je ne puis craindre leur imprudence, et je m'expose volontiers à leur critique.

Je commencerai ces souvenirs par madame de Maintenon, dont l'esprit, le mérite, et les bontés qu'elle eut pour moi, ne s'effaceront jamais de ma mémoire. Mais ni la prévention que donne l'éducation, ni les mouvemens de ma reconnaissance, ne me feront rien dire de contraire à la vérité.

Madame de Maintenon était petite-fille de Théodore-Agrippa d'Aubigné, élevé auprès de Henri IV, dans la maison de Jeanne d'Albret, reine de Navarre, et connu surtout par ses écrits et son zèle pour la religion protestante, mais plus recommandable encore par une sincérité dont il parle lui-même dans un manuscrit que j'ai vu de sa main, et dans lequel il dit que sa rude probité le rendait peu propre auprès des grands.

Il eut l'honneur de suivre Henri IV dans toutes les guerres qu'il eut à soutenir, et se retira, après la conversion de ce prince, dans sa petite maison de Mursay, près de Niort en Poitou (1).

(1) Il en fait la description dans *le Baron de Fœneste*, et c'est de lui même qu'il parle sous le nom d'*Énée*.

Le zèle d'Agrippa d'Aubigné pour sa religion, et son attachement pour son maître, lui firent tenir un discours après l'assassinat de Jean Châtel, qui lui fit beaucoup d'honneur dans le parti des huguenots. *Vous n'avez,* dit-il à Henri IV, *renié J.-C. que de bouche, vous avez été blessé à la bouche ; mais si vous le renoncez de cœur, vous serez blessé au cœur.*

M. d'Aubigné s'occupa dans sa retraite à écrire l'histoire universelle de son temps, et, dans la préface de ce livre, il donne à Henri IV une louange qui m'a toujours paru si propre à lui et si belle, que je ne puis m'empêcher de la rapporter ici. Il appelle Henri IV *le conquérant du sien,* éloge qui renferme, ce me semble, en deux mots, toute la justice de sa cause et toute la gloire des autres conquérans.

Théodore-Agrippa d'Aubigné, dont je parle, épousa Suzanne de Lezay, de la maison de Lusignan. Il eut de ce mariage un fils et deux filles: l'aînée épousa M. de Caumont Dadde, et l'autre M. de Villette, mon grand-père. Le fils fut malheureux, et mérita ses malheurs par sa conduite. Il épousa, étant prisonnier dans le château Trompette de Bordeaux, Jeanne de Cardillac, fille de Pierre de Cardillac, lieutenant de M. le duc d'Epernon, et gouverneur, sous ses ordres, de cette place. Sa femme ne l'abandonna jamais dans ses malheurs, et accoucha, dans la conciergerie de Niort, de Françoise d'Aubigné, depuis madame Scarron, et ensuite madame de Maintenon.

Je me souviens d'avoir entendu raconter que madame d'Aubigné, étant venue à Paris demander au cardinal de Richelieu la grâce de son mari (1), ce ministre avait dit en la quittant : *Elle serait bien heureuse si je lui refusais ce qu'elle me demande.*

Il est aisé de croire qu'un tel homme n'avait pas beaucoup de religion ; mais il est rare qu'il en parlât à sa fille et à un enfant, car j'ai ouï dire à madame de Maintenon que, la tenant entre ses bras, il lui disait :

(1) Il fut accusé d'avoir fait de la fausse monnaie.

Est-il possible que vous, qui avez de l'esprit, puissiez croire tout ce qu'on vous apprend dans votre catéchisme?

Les mauvaises affaires que M. d'Aubigné s'était faites l'obligèrent à la fin de prendre un établissement en Amérique. Il y mena sa famille, qui consistait en une femme, deux garçons, et cette petite fille, qui n'avait, je crois, que dix-huit mois, et qui fut si malade dans le trajet, qu'on fut près de la jeter à la mer, la croyant morte.

M. d'Aubigné mourut à la Martinique à son second voyage (1); car je crois avoir entendu dire qu'il en avait fait deux. Quoi qu'il en soit, madame d'Aubigné revint en France avec ses enfans : elle trouva leurs biens vendus et dissipés par les créanciers de leur père, et par l'injustice de quelques-uns de ses parens. Ma grand'mère, sœur de leur père, et femme de mérite, prit soin de cette famille malheureuse, et surtout de la petite fille qu'elle demanda à sa mère, et

(1) Il mourut au retour de son second voyage de la Martinique, dans un voyage qu'il fit à Orange.

qu'elle élevait comme ses propres enfans ; mais, mon grand-père et ma grand'mère étant huguenots, madame de Neuillan, mère de la maréchale de Navailles (1), et parente de M. d'Aubigné, demanda à la reine-mère un ordre pour retirer cette enfant de leurs mains.

Madame de Neuillan voulut faire par là sa cour à la reine ; mais son avarice la fit bientôt repentir de s'être chargée d'une demoiselle sans bien, et elle chercha à s'en défaire à quelque prix que ce fût. C'est dans ce dessein qu'elle l'amena à Paris, et qu'elle la mit dans un couvent où elle se fit catholique, après une longue résistance pour sa jeunesse ; car je crois qu'elle n'avait pas encore quatorze ans faits.

Je me souviens, à propos de cette conversion, d'avoir entendu dire à madame de Maintenon, qu'étant convaincue sur les articles principaux de la religion, elle résistait encore, et ne voulait se convertir qu'à con-

(1) Le manuscrit porte *Noailles*, mais c'est une erreur qui est rectifiée dans la plupart des éditions.

dition qu'on ne l'obligeât pas de croire que sa tante qui était morte, et qu'elle avait vue vivre dans sa religion comme une sainte, fût damnée.

Après que madame de Neuillan eut fait mademoiselle d'Aubigné catholique, elle la maria au premier qui se présenta; et ce fut à M. Scarron, trop connu par ses ouvrages pour que j'aie rien de nouveau à dire de lui.

Voilà donc Françoise d'Aubigné, à quatorze ans, dans la maison d'un homme de la figure et du caractère de M. Scarron, remplie de jeunes gens attirés par la liberté qui régnait chez lui. C'est là cependant que cette jeune personne imprima, par ses manières honnêtes et modestes, tant de respect, qu'aucun n'osa jamais prononcer devant elle une parole à double entente, et qu'un de ces jeunes gens dit : *S'il fallait prendre des libertés avec la reine ou avec madame Scarron, je ne balancerais pas, j'en prendrais plutôt avec la reine.* Elle passait ses carêmes à manger un hareng au bout de la table, et se retirait aussitôt dans sa chambre, parce qu'elle avait compris qu'une conduite moins exacte et moins austère, à l'âge où elle était, ferait que la licence de cette jeunesse n'aurait plus de frein, et deviendrait préjudiciable à sa réputation. Ce n'est pas d'elle seule que je tiens ces particularités ; je les tiens de mon père, de M. le marquis de Beuvron, et de plusieurs autres qui vivaient dans la maison dans ce même temps.

Je me souviens d'avoir ouï raconter qu'étant un jour obligée d'aller parler à M. Fouquet, elle affecta d'y aller dans une si grande négligence, que ses amis étaient honteux de l'y mener. Tout le monde sait ce qu'était alors M. Fouquet, son faible pour les femmes, et combien les plus haut huppées et les mieux chaussées cherchaient à lui plaire.

Cette conduite et la juste admiration qu'elle causa parvinrent jusqu'à la reine. Le baron de La Garde lui en parla le premier, et fut cause qu'à la mort de M. Scarron, cette princesse, touchée de la vertu et du malheur d'une fille de condition réduite à une si grande pauvreté, lui donna une pension de deux mille livres, avec laquelle madame Scarron se mit dans un couvent, et ce fut aux Hospitalières du faubourg Saint-Marceau. Avec cette modique pension, on la vit toujours honnêtement et simplement vêtue. Ses habits n'étaient que d'étamine de Lude, du linge uni, mais bien chaussée et de beaux jupons; et sa pension, avec celle de sa femme de chambre et ses gages, suffisaient à sa dépense; elle avait même encore de l'argent de reste, et n'a jamais passé de temps si heureux. Elle ne comprenait pas, disait-elle alors, qu'on pût appeler cette vie une vallée de larmes.

Le maréchal d'Albret, qu'elle avait connu chez M. Scarron, l'avait liée d'amitié avec sa femme; preuve certaine encore de la vertu qu'il avait reconnue dans madame Scarron; car les maris de ce temps-là, quelque galans qu'ils fussent, n'aimaient pas que leurs femmes en vissent d'autres dont la réputation eût été entamée.

Madame la maréchale d'Albret était une

femme de mérite, sans esprit; mais madame de Maintenon, dont le bon sens ne s'égara jamais, crut, dans un âge aussi peu avancé, qu'il valait mieux s'ennuyer avec de telles femmes, que de se divertir avec d'autres. La maréchale d'Albret la prit en si grande amitié, qu'elle fit son possible pour l'engager à venir demeurer chez elle, ce qu'elle refusa; mais elle y allait souvent dîner, et on l'y retenait quelquefois à coucher.

Madame Scarron s'attirait cette amitié par une grande complaisance et par une attention continuelle à lui plaire, à laquelle la maréchale était peu accoutumée; et j'ai ouï dire que, quand elles allaient à quelque spectacle, cette pauvre femme, qui n'entendait rien aux choses qu'on représentait, voulait toujours avoir auprès d'elle madame Scarron, pour qu'elle lui expliquât ce qu'elle voyait elle-même devant ses yeux, et la détournait ainsi de l'attention qu'elle aurait voulu donner aux pièces les plus intéressantes et les plus nouvelles.

C'est cette même maréchale d'Albret, accusée, malgré sa dévotion et son mérite ; d'aimer un peu trop le vin ; ce qui paraissait d'autant plus extraordinaire en ce temps-là, que les femmes n'en buvaient presque jamais, ou du moins ce n'était que de l'eau rougie. Je me souviens, à propos de la maréchale et de son goût pour le vin, d'avoir ouï raconter que, se regardant au miroir et se trouvant le nez rouge, elle se dit à elle-même : *Mais, où est-ce que j'ai pris ce nez-là ?* et que M. de Matha de Bourdeille, qui était derrière elle, répondit, entre bas et haut : *Au buffet*.

Ce même Matha était un garçon d'esprit infiniment naturel, et par là de la meilleure compagnie du monde. Ce fut lui qui, voyant la maréchale d'Albret dans une grande affliction sur la mort ou de son père ou de son frère, et qui dans sa douleur ne voulait point prendre de nourriture, lui dit : *Avez-vous résolu, madame, de ne manger de votre vie ? s'il est ainsi, vous avez raison ; mais si vous avez à manger un jour, croyez-moi, il vaut autant manger tout-à-l'heure.*

Ce discours la persuada : elle se fit apporter un gigot de mouton. C'est lui encore à qui l'on demanda comment il pouvait faire pour être si légèrement vêtu en hiver ? à quoi il répondit : *Je gèle de froid*.

Le maréchal d'Albret avait deux parentes qui demeuraient avec madame sa femme, mademoiselle de Pons et mademoiselle de Martel, toutes deux aimables, mais de caractère différent. Ces deux filles ne s'aimaient pas, et ne s'accordaient guère que sur le goût qu'elles avaient l'une et l'autre pour madame de Maintenon.

Madame de Montespan, parente aussi du maréchal d'Albret, se joignait à cette société, et c'est là qu'elle connut madame de Maintenon. Elles se plurent mutuellement, et se trouvèrent l'une à l'autre autant d'esprit qu'elles en avaient en effet.

Madame de Maintenon avait encore l'hôtel de Richelieu où elle allait souvent, également désirée partout ; mais je parlerai ailleurs de M. de Richelieu.

C'est sans doute à peu près dans le même

temps qu'une des princesses de Nemours devint reine de Portugal. Les amis de madame de Maintenon lui parlèrent si avantageusement d'elle qu'elle eut envie de l'emmener, et le lui fit proposer. Cette occasion paraissait favorable pour l'état de sa fortune; mais il était triste de quitter son pays, et de renoncer à une vie pleine d'agrément. Elle fut quelque temps en balance, et bien affligée pendant la durée du combat que les raisons pour et contre excitaient en elle; mais enfin son étoile l'emporta, elle refusa les offres de cette reine.

Je me souviens d'avoir ouï raconter encore que madame la princesse des Ursins, alors madame de Chalais, faisait de fréquentes visites à l'hôtel d'Albret. Je lui ai entendu dire depuis à elle-même, parlant à madame de Maintenon, qu'elle souffrait impatiemment que le maréchal d'Albret et les autres seigneurs importans eussent toujours des secrets à lui dire, pendant qu'on la laissait avec la jeunesse, comme si elle eût été incapable de parler sérieusement. Madame de Maintenon avouait avec la même sincérité qu'elle ne s'ennuyait pas moins de ces confidences que madame des Ursins enviait, et qu'elle aurait souvent voulu qu'on l'eût crue moins solide pour la laisser se divertir, et ne pas la contraindre à écouter les fréquens murmures et les projets des courtisans. Cet échantillon marque, ce me semble, la différence du caractère de ces deux femmes qui depuis ont joué de si grands rôles ; car il faut avouer que madame de Maintenon n'était pas née pour les affaires : elle craignait les intrigues par la droiture de son cœur, et elle était faite pour les délices de la société par l'agrément de son esprit. Mais avant de raconter les suites qu'eurent les commencemens de connaissance entre madame de Maintenon et madame de Montespan, je dirai un mot de ma famille, et de ce qui me regarde en particulier.

La paix étant faite (1), le roi, tranquille et glorieux, crut qu'il ne manquait à sa gloire

---

(1) La paix de Nimègue, 10 août 1678.

que l'extirpation d'une hérésie qui avait fait tant de ravages dans son royaume. Ce projet était grand et beau, et même politique, si on le considère indépendamment des moyens qu'on a pris pour l'exécuter. Les ministres et plusieurs évêques, pour faire leur cour, ont eu beaucoup de part à ces moyens, non-seulement en déterminant le roi à en prendre de ceux qui n'étaient pas de son goût, mais en le trompant dans l'exécution de ceux qui avaient été résolus.

Mais il est bon de dire, pour rendre ma pensée plus claire, que M. de Louvois eut peur, voyant la paix faite, de laisser trop d'avantage sur lui aux autres ministres, et surtout à M. Colbert et à M. de Seignelay, son fils, et qu'il voulut, à quelque prix que ce fût, mêler du militaire dans un projet qui ne devait être fondé que sur la charité et la douceur. Des évêques, gagnés par lui, abusèrent de ces paroles de l'Evangile, *contraignez-les d'entrer*, et soutinrent qu'il fallait user de violence quand la douceur ne suffisait pas, puisque, après tout, si cette violence ne faisait pas de bons catholiques dans le temps présent, elle ferait au moins que les enfans des pères que l'on aurait ainsi forcés le deviendraient de bonne foi. D'un autre côté, M. de Louvois demanda au roi la permission de faire passer dans les villes les plus huguenotes un régiment de dragons, l'assurant que la seule vue de ses troupes, sans qu'elles fissent rien de plus que de se montrer, déterminerait les esprits à écouter plus volontiers la voix des pasteurs qu'on leur enverrait. Le roi se rendit, contre ses propres lumières et contre son inclination naturelle, qui le portait toujours à la douceur. On passa ses ordres, et on fit, à son insu, des cruautés qu'il aurait punies si elles étaient venues à sa connaissance; car M. de Louvois se contentait de lui dire chaque jour : *Tant de gens se sont convertis, comme je l'avais dit à Votre Majesté, à la seule vue de ses troupes.*

Le roi était naturellement si vrai qu'il n'imaginait pas, quand il avait donné sa confiance à quelqu'un, qu'il pût le tromper ;

et les fautes qu'il a faites n'ont souvent eu pour fondement que cette opinion de probité pour des gens qui ne la méritaient pas.

Ces violences, et la manière militaire dont on fit les conversions dont je viens de parler, ne furent employées qu'après la cassation de l'édit de Nantes ; mais avant qu'on en vînt là, le roi fit de son mieux pour gagner, par ses bienfaits, les gens les plus considérables d'entre les huguenots ; et il avait déclaré qu'aucun ne serait admis dans les charges, et n'avancerait dans ses armées, soit de terre, soit de mer, que les catholiques.

Madame de Maintenon voulut, à son exemple, travailler à la conversion de sa propre famille ; mais comme elle ne crut pas pouvoir gagner mon père par l'espérance d'une grande fortune, ni convaincre son esprit par la force du raisonnement, elle prit la résolution, de concert avec M. de Seignelay, de lui faire faire un voyage de long cours sur mer, pour avoir du moins le loisir de disposer de ses enfans. J'avais deux frères qui, quoique fort jeunes, avaient fait plusieurs campagnes. L'aîné s'était trouvé, à huit ou neuf ans, à ce combat fameux de Messine, où Ruyter fut tué, et il y reçut une légère blessure. La singularité du fait, et le courage que cet enfant avait témoigné, le firent nommer enseigne après le combat.

La campagne finie, mon père vint à la cour et y amena mon frère. L'action qu'il avait vue, et une jolie figure qu'il avait en ce temps-là, lui attirèrent l'attention et les caresses de madame de Montespan et de toute la cour. Si mon père avait voulu l'y laisser et se faire catholique, ils s'en seraient l'un et l'autre mieux trouvés pour leur fortune ; mais mon père résista à toutes les offres qui lui furent faites, et s'en retourna chez lui. Ainsi madame de Maintenon se trouva forcée, pour avoir la liberté de disposer de mon frère, de faire faire à mon père cette campagne dont je viens de parler, et de faire servir son fils avec M. de Châteaurenaud, lui laissant seulement le cadet, qui n'était pas entré moins jeune dans la marine.

A peine mon père fut-il embarqué qu'une de ses sœurs, que ma mère avait été voir à Niort, la pria de me laisser chez elle jusqu'au lendemain. Ma mère y consentit avec peine; car, quoiqu'elle fût catholique, elle n'était nullement dans la confidence des desseins qu'on avait sur moi, parce qu'on la voulait ménager par rapport à mon père. A peine ma mère fut-elle partie de Niort, que ma tante, accoutumée à changer de religion, et qui venait de se convertir pour la seconde ou la troisième fois, partit de son côté, et m'emmena à Paris. Nous trouvâmes sur la route M. de Saint-Hermine, une de ses sœurs, et mademoiselle de Caumont, aussi étonnés qu'affligés de me voir. Pour moi, contente d'aller, sans savoir où l'on me menait, je n'étais étonnée ni affligée de rien; mais comme les autres étaient des personnes faites que madame de Maintenon avait demandées à leurs parens, il avait été décidé dans le conseil des huguenots qu'on ne pouvait les lui refuser, puisqu'elle ne demandait qu'à les voir, et qu'elle promettait de ne les pas contraindre dans leur religion. On eut donc pour elle cette complaisance, d'autant plus volontiers qu'on n'avait rien à craindre de leur légèreté ; et en effet la résistance de ces jeunes personnes fut infiniment glorieuse au calvinisme.

Nous arrivâmes ensemble à Paris, où madame de Maintenon vint aussitôt me chercher, et m'emmena seule à Saint-Germain. Je pleurai d'abord beaucoup; mais je trouvai le lendemain la messe du roi si belle, que je consentis à me faire catholique, à condition que je l'entendrais tous les jours, et qu'on me garantirait du fouet. C'est là toute la controverse qu'on employa, et la seule abjuration que je fis.

M. de Châteaurenaud eut ordre d'envoyer mon frère à la cour. Il y arriva presqu'aussitôt que moi, et fit une plus longue résistance; mais enfin il se rendit : on le mit à l'académie, et il quitta la marine. Mon père, surpris et affligé au retour de sa campagne, écrivit à madame de Maintenon des lettres pleines d'amertume et de reproches, et l'acsa d'ingratitude à l'égard de sa mère, tante e madame de Maintenon; d'injustice et de ureté par rapport à lui; mais, comme elle 'tait soutenue de l'autorité du roi, il fallut céder à la force. On promit seulement à mon père de ne pas contraindre ses enfans, s'ils ne voulaient pas se faire catholiques.

Ils se convertirent l'un et l'autre; et, après leur académie et le temps qu'ils devaient être aux mousquetaires, on donna à l'aîné une charge de cornette des chevau-légers, qu'il vendit quand la guerre recommença pour acheter le régiment Dauphin-cavalerie, et au cadet le régiment de la Reine-dragons, à la tête duquel il fut tué au combat de Steinkerque.

Pour moi, on m'élevait avec un soin dont on ne saurait trop louer madame de Maintenon. Il ne se passait rien à la cour sur quoi elle ne me fît faire des réflexions selon la portée de mon esprit; m'approuvant quand je pensais bien, me redressant quand je pensais mal. Ma journée était remplie par des maîtres, la lecture, et des amusemens honnêtes et réglés; on cultivait ma mémoire par des vers qu'on me faisait apprendre par cœur; et la nécessité de rendre compte de ma lecture ou d'un sermon, si j'en avais entendu, me forçait à y donner de l'attention. Il fallait encore que j'écrivisse tous les jours une lettre à quelqu'un de ma famille, ou à tel autre que je voulais choisir, et que je la portasse les soirs à madame de Maintenon, qui l'approuvait ou la corrigeait, selon qu'elle était bien ou mal; en un mot, elle n'oubliait rien de ce qui pouvait former ma raison et cultiver mon esprit.

Si je suis entrée dans ce détail, ce n'est pas pour en tirer une vaine gloire, mais pour marquer par des faits, bien au-dessus des louanges, la conduite et le caractère de madame de Maintenon; et il est impossible, ce me semble, de faire réflexion au poste qu'elle occupait, et au peu de loisir qu'elle avait, sans admirer l'attention qu'elle donnait à un enfant, dont après tout elle n'était chargée que parce qu'elle l'avait bien voulu.

Mon père, après avoir résisté non-seulement aux bontés, mais aux promesses du roi, et avoir compté pour rien de n'être pas fait chef d'escadre à son rang; après avoir résisté à l'éloquence de M. de Meaux, qu'il aimait naturellement, s'embarqua de nouveau sur la mer, et fit pendant cette campagne des réflexions qu'il n'avait pas encore faites. L'évangile de l'ivraie et du bon grain lui parut alors claire contre le schisme ; il vit que ce n'était pas aux hommes à les séparer : ainsi convaincu, mais ne voulant tirer de sa conversion aucun mérite pour sa fortune, il fit à son retour son abjuration entre les mains de son curé, et perdit par là les récompenses temporelles qu'il en aurait pu attendre; si bien même qu'en venant après à la cour, le roi lui ayant fait l'honneur de lui parler avec sa bonté ordinaire sur sa conversion, mon père répondit avec trop de sécheresse que c'était la seule occasion de sa vie où il n'avait point eu pour objet de plaire à sa majesté.

J'arrivai à Saint-Germain au mois de janvier 1681. La reine vivait; monseigneur le dauphin était marié depuis un an, et madame de Maintenon, dans une faveur déclarée, paraissait aussi bien avec la reine qu'avec le roi. Cette princesse attribuait à la nouvelle favorite les bons procédés que le roi avait pour elle depuis quelque temps, et elle la regardait avec raison sur un pied bien différent des autres.

Mais, avant de parler des choses que j'ai vues, il est bon de raconter celles que j'ai entendu dire.

J'ai pu voir madame de Fontanges; mais, ou je ne l'ai pas vue, ou il ne m'en souvient pas. Je me souviens seulement d'avoir vu pendant quelque temps, à Saint-Germain, le roi passer du château vieux au neuf pour l'aller voir tous les soirs: on disait qu'elle était malade; et en effet elle partit quelques mois après pour aller mourir à Port-Royal de Paris. Il courut beaucoup de bruits sur cette mort, au désavantage de madame de Montespan; mais je suis convaincue qu'ils étaient sans fondement, et je crois, selon que je l'ai entendu dire à madame de Maintenon, que cette fille s'est tuée pour avoir voulu partir de Fontainebleau le même jour que le roi, quoiqu'elle fût en travail et prête à accoucher. Elle fut toujours languissante depuis, et mourut enfin peu regrettée.

Madame de Montespan n'aurait pas appréhendé la durée du crédit de madame de Fontanges, elle aurait été bien sûre que le roi serait toujours revenu à elle, si elle n'avait eu que cet obstacle. Son caractère, plus ambitieux que tendre, lui avait fait souvent regarder avec indifférence les infidélités du roi; et, comme elle agissait quelquefois par dépit, elle avait elle-même contribué à fortifier les commencemens du goût que le roi avait pris pour la beauté de madame de Fontanges. J'ai ouï dire qu'elle l'avait fait venir chez elle, et qu'elle n'avait rien oublié pour la faire paraître plus belle aux yeux du roi : elle y réussit et en fut fâchée ; mais la mort la délivra bientôt d'une rivale aussi dangereuse par la beauté que peu redoutable par l'esprit.

3.

Madame de Fontanges joignait à ce peu d'esprit des idées romanesques, que l'éducation de la province et les louanges dues à sa beauté lui avaient inspirées; et, dans la vérité, le roi n'a jamais été attaché qu'à sa figure, il était même honteux lorsqu'elle parlait et qu'ils n'étaient pas tête-à-tête. On s'accoutume à la beauté, mais on ne s'accoutume point à la sottise tournée du côté du faux, surtout lorsqu'on vit en même temps avec des gens de l'esprit et du caractère de madame de Montespan, à qui les moindres ridicules n'échappaient pas, et qui savait si bien les faire sentir aux autres par ce tour unique à la maison de Mortemart. Cependant madame de Fontanges aima véritablement le roi, et elle répondit un jour à madame de Maintenon, qui l'exhortait à se guérir d'une passion qui ne pouvait plus faire que son malheur : *Vous me parlez*, lui dit-elle, *de quitter une passion, comme on parle de quitter un habit.*

Je me souviens aussi d'avoir souvent entendu parler de madame de La Vallière. On sait qu'elle a précédé madame de Montespan; et ce n'est pas l'histoire de chaque maîtresse que je prétends faire. Je veux seulement écrire les faits qui me sont demeurés plus particulièrement dans l'esprit, soit que j'en aie été témoin, ou que je les aie entendu raconter par madame de Maintenon.

Le roi prit donc de l'amour pour madame de Montespan dans le temps qu'il vivait avec madame de La Vallière, en maîtresse déclarée; et madame de Montespan, en maîtresse peu délicate, vivait avec elle : même table, et presque même maison. Elle aima mieux d'abord qu'il en usât ainsi, soit qu'elle espérât par là abuser le public et son mari, soit qu'elle ne s'en souciât pas, ou que son orgueil lui fît plus goûter le plaisir de voir à tous les instans humilier sa rivale, que la délicatesse de sa passion ne la portait à la crainte de ses charmes. Quoi qu'il en soit, c'est un fait certain. Mais un jour, fâchée contre le roi pour quelque autre sujet (ce qui lui arrivait souvent), elle se plaignit de cette communauté avec une amertume qu'elle ne sentait pas : elle y trouvait, disait-elle, peu de délicatesse de la part du roi. Ce prince, pour l'apaiser, répondit avec beaucoup de douceur et de tendresse, et finit par lui dire que cet établissement s'était fait insensiblement. *Insensiblement pour vous*, reprit madame de Montespan, *mais très-sensiblement pour moi.*

Le personnage singulier de madame de La Vallière pendant plus de deux ans mérite de n'être pas oublié. Tout le monde l'a su, tout le monde en a parlé; mais, comme il pourrait être du nombre de ces choses qui ne s'écrivent point et qu'on oublie, je veux en faire un article dans mes souvenirs.

Madame de La Vallière était née tendre et vertueuse : elle aima le roi et non la royauté. Le roi cessa de l'aimer pour madame de Montespan. Si, à la première vue, ou du moins après des preuves certaines de cette nouvelle passion, elle s'étoit jetée dans les Carmélites, ce mouvement aurait été naturel et conforme à son caractère : elle prit un autre parti, et demeura non-seulement à la cour, mais même à la suite de sa rivale. Madame de Montespan, abusant de ses avantages, affectait de se faire servir par elle, donnait des louanges à son adresse, et assurait qu'elle ne pouvait être contente de son ajustement si elle n'y mettait la dernière main. Madame de La Vallière s'y portait, de son côté, avec tout le zèle d'une femme de chambre dont la fortune dépendrait des agrémens qu'elle prêterait à sa maîtresse. Combien de dégoûts, de plaisanteries et de dénigremens n'eut-elle pas à essuyer pendant l'espace de deux ans qu'elle demeura ainsi à la cour, à la fin desquels elle vint prendre publiquement congé du roi ! Il la vit partir d'un œil sec pour aller aux Carmelites, où elle a vécu d'une manière aussi édifiante que touchante.

Elle disait souvent à madame de Maintenon, avant de quitter la cour : *Quand j'aurai de la peine aux Carmelites, je me souviendrai de ce que ces gens-là m'ont fait souffrir* (en parlant du roi et de madame de Montespan); ce qui marque que sa patience n'était pas tant un effet de son insensibilité, qu'une épreuve peut-être mal entendue et téméraire : je laisse aux dévots à en juger. Il est certain que le style de la dévotion convenait mieux à son esprit que celui de la cour, puisqu'elle a paru en avoir beaucoup de ce genre. Je l'ai vue dans les dernières années de sa vie, et je l'ai entendue, avec un son de voix qui allait jusqu'au cœur, dire des choses admirables de son état, et du bonheur dont elle jouissait déjà, malgré l'austérité de sa pénitence.

Je me souviens d'avoir ouï raconter que feu M. l'évêque de Meaux, Bossuet, lui ayant annoncé la mort de M. le comte de Vermandois son fils, elle avait, par un mouvement naturel, répandu beaucoup de larmes ; mais que revenant tout-à-coup à elle, elle dit à ce prélat : *C'est trop pleurer la mort d'un fils dont je n'ai pas encore assez pleuré la naissance.*

J'ai vu madame de Montespan aux Carmelites, bien des années après, et dans le temps qu'elle-même n'était plus à la cour, y venir chercher madame de La Vallière, devenue pour elle une espèce de directeur.

Mais mes souvenirs me rappellent à la cour, où madame de Maintenon jouait un grand rôle auprès du roi et auprès de la reine. Elle avait été faite dame d'atours de madame la dauphine de Bavière; et le roi avait acheté pour elle la terre de Maintenon, en 1674 ou 1675, dont il voulut qu'elle prît le nom (1).

Mais les commencemens de la faveur de madame de Maintenon ont tant de liaison et de rapport à madame de Montespan, que je ne puis parler de l'une sans me souvenir de l'autre. Il est donc nécessaire de dire un mot des commencemens de leur connaissance pour en raconter les suites.

Madame de Maintenon m'a dit souvent qu'elle avait connu madame de Montespan chez le maréchal d'Albret, et qu'elle n'avait point alors cette humeur qu'elle a fait pa-

(1) J'ai vu, dans une lettre écrite à M. d'Aubigné, que le roi lui avait ordonné de prendre le nom de Maintenon.

raître depuis : ajoutant que ses sentimens étaient honnêtes, sa conduite réglée, et sa réputation bien établie.

Elle devint peu après dame du palais de la reine, par la faveur de Monsieur, et le roi ne fit alors aucune attention à sa beauté : toute sa faveur se bornait à sa maîtresse, qu'elle amusait à son coucher qui durait long-temps, parce que la reine s'était fait une habitude d'attendre toujours le roi pour se mettre au lit. Cette princesse était si vertueuse qu'elle n'imaginait pas facilement que les autres femmes ne fussent pas aussi sages qu'elle ; et, pour faire voir jusqu'à quel point allait son innocence, quoiqu'avec beaucoup de hauteur dans ses sentimens, il suffit de rappeler ici ce qu'elle dit à une carmélite, qu'elle avait priée de l'aider à faire son examen de conscience pour une confession générale qu'elle avait dessein de faire. Cette religieuse lui demanda si, en Espagne, dans sa jeunesse, avant d'être mariée, elle n'avait point eu envie de plaire à quelques-uns des jeunes gens de la cour du roi son père : *Oh ! non, ma mère,* dit-elle; *il n'y avait point de roi.*

Mais enfin madame de Montespan plut au roi ; elle en eut des enfans, et il fut question de les mettre entre les mains d'une personne qui sût et les bien élever et les bien cacher. Elle se souvint de madame de Maintenon, et elle crut qu'il n'y avait personne qui en fût plus capable : elle lui en fit donc faire la proposition; à quoi madame de Maintenon répondit que, pour les enfans de madame de Montespan, elle ne s'en chargerait pas, mais que si le roi lui ordonnait d'avoir soin des siens, elle lui obéirait. Le roi l'en pria, et elle les prit avec elle.

Si ce fut pour madame de Maintenon le commencement d'une fortune singulière, ce fut aussi le commencement de ses peines et de sa contrainte. Il fallut s'éloigner de ses amis, renoncer aux plaisirs de la société, pour lesquels elle semblait être née, et il le fallut sans en pouvoir donner de bonnes raisons aux gens de sa connaissance. Cependant comme il n'était pas possible de s'en éloigner tout d'un coup, pour remédier aux inconvéniens qui pouvaient arriver dans une aussi petite maison que la sienne, dans laquelle il était aisé de surprendre une nourrice, d'entendre crier un enfant, et tout le reste, elle prit pour prétexte la petite d'Heudicourt, et la demanda à madame sa mère, qui la lui donna sans peine par l'amitié qui était entre elles, et par le goût qu'elle lui connaissait pour les enfans. Cette petite fille fut depuis madame de Montgon (1), dame du palais de madame la dauphine de Savoie.

Je me souviens d'avoir ouï raconter beaucoup de particularités de ces temps-là, qui ne méritent pas, je crois, d'être écrites, quoique le récit m'en ait infiniment amusée. Je n'en dirai qu'un mot.

On envoyait chercher madame de Maintenon quand les premières douleurs pour accoucher prenaient à madame de Montes-

(1) Mère de l'abbé de Montgon, auteur de mémoires où le cardinal de Fleury est très-dénigré.

pan; elle emportait l'enfant, le cachait sous son écharpe, se cachait elle-même sous un masque, et, prenant un fiacre, revenait ainsi à Paris. Combien de frayeurs n'avait-elle point que cet enfant ne criât. Ces craintes se sont souvent renouvelées, puisque madame de Montespan a eu sept enfans du roi.

Mais je me souviens d'avoir ouï raconter qu'elle fut si pénétrée de douleur au premier, que sa beauté s'en ressentit. Elle devint maigre, jaune, et si changée, qu'on ne la reconnaissait pas. Loin d'être née débauchée, le caractère de madame de Montespan était naturellement éloigné de la galanterie et porté à la vertu. Son projet avait été de gouverner le roi par l'ascendant de son esprit. Elle s'était flattée d'être maîtresse non-seulement de son propre goût, mais de la passion du roi. Elle croyait qu'elle lui ferait toujours désirer ce qu'elle avait résolu de ne lui pas accorder: la suite fut plus naturelle. Elle se désespéra, comme je l'ai dit, à la première grossesse, se consola à la seconde, et porta dans les autres l'impudence aussi loin qu'elle pouvait aller. Cependant on cachait avec le même soin les enfans dont elle paraissait publiquement grosse.

Il arriva une fois que le feu prit à une poutre de la chambre de ses enfans, à Paris. Ce feu, qui n'avait pas encore eu d'air, était comme endormi, et madame de Maintenon, en prenant les mesures nécessaires sans faire de bruit, jugea cependant que ce feu pourrait s'allumer tout-à-coup, et de façon qu'il ne serait pas possible de ne pas laisser entrer beaucoup de monde. Dans cette crainte, elle envoya en diligence à Saint-Germain pour demander à madame de Montespan ce qu'il faudrait qu'elle fît en pareil cas ; sur quoi elle dit pour toute réponse à celui qu'on avait envoyé : *J'en suis bien aise ; dites à madame Scarron que c'est une marque de bonheur pour ces enfans.*

L'aînée des enfans du roi et de madame de Montespan mourut à l'âge de trois ans. Madame de Maintenon en fut touchée comme une mère tendre, et beaucoup plus que la véritable ; sur quoi le roi dit, en parlant de madame de Maintenon : *Elle sait bien aimer ; il y aurait du plaisir à être aimé d'elle.*

Madame de Montespan eut cinq enfans de suite. Je ne sais s'ils furent reconnus tous ensemble ou séparément ; je sais seulement que, ne pouvant les faire légitimer sans nommer la mère, parce qu'il n'y avait point eu d'exemple d'une pareille reconnaissance, pour qu'il y en eût, on fit précéder celle des enfans du roi par celle du bâtard du comte de Saint-Pol, fils de madame de Longueville, qui se trouvait dans le même cas, puisqu'il était fils de la maréchale de La Ferté, et qu'elle l'avait eu du vivant de son mari.

Le roi fit ensuite reconnaître les siens, savoir, M. le duc du Maine, M. le comte du Vexin, mademoiselle de Nantes, et mademoiselle de Tours ; l'aîné était mort sans être reconnu, et M. le comte de Toulouse et mademoiselle de Blois, depuis duchesse d'Orléans, n'étaient pas encore nés.

Madame de Maintenon alla à la cour avec

ces enfans du roi ; mais elle s'attacha particulièrement à M. le duc du Maine, dont l'esprit promettait beaucoup. Heureux, je l'oserai dire, si l'usage ou la fortune de madame de Maintenon lui avait permis de demeurer plus long-temps auprès de lui, et qu'elle eût pu achever son éducation comme elle l'avait commencée ! Elle n'aurait rien ajouté à l'agrément de son esprit, mais elle lui aurait peut-être inspiré plus de force et de courage (j'entends celui de l'esprit), qualités si nécessaires aux hommes élevés au-dessus des autres. Il faut avouer aussi que la figure de M. le duc du Maine, sa timidité naturelle, et le goût du roi (car il n'aimait pas naturellement que ceux qu'il admettait dans sa familiarité fussent infiniment répandus dans le grand monde), ont contribué à éloigner ce prince du commerce des hommes, dont il aurait fait les délices s'il en avait été connu. La timidité rend les hommes farouches, quand ils se font surtout un devoir de ne la pas surmonter.

Le mariage de M. le duc du Maine mit le

comble à ses malheureuses dispositions. Il épousa une princesse du sang, d'un caractère entièrement opposé au sien, aussi vive et entreprenante qu'il était doux et tranquille. Cette princesse abusa de sa douceur : elle secoua bientôt le joug qu'une éducation peut-être trop sévère lui avait imposé ; elle dédaigna de faire sa cour au roi pour tenir la sienne à Sceaux, où, par sa dépense, elle ruina monsieur son mari, lequel approuvait ou n'osait s'opposer à ses volontés. Le roi lui en parla, mais inutilement ; et voyant enfin que ses représentations ne servaient qu'à faire souffrir intérieurement un fils qu'il aimait, il prit le parti du silence, et le laissa croupir dans son aveuglement et sa faiblesse.

Je me souviens, à propos du mariage de M. le duc du Maine, que le roi, qui pensait toujours juste, aurait désiré que les princes légitimés ne se fussent jamais mariés. *Ces gens-là,* disait-il à madame de Maintenon, *ne devraient jamais se marier.* Mais M. le duc du Maine ayant voulu l'être, cette même sagesse du roi aurait fait du moins qu'il aurait choisi une fille d'une des grandes maisons du royaume, sans les persécutions de M. le Prince, qui regardait ces sortes d'alliances comme la fortune de la sienne. Je sais même que le roi avait eu dessein de choisir mademoiselle d'Uzès, et qu'il était sur le point de le déclarer, lorsque M. de Barbézieux vint lui faire part de son mariage avec elle, ce qui fit que le roi n'y songea pas davantage. *Tout est conjoncture dans cette vie*, disait le maréchal de Clairambault, *et la destinée de mademoiselle d'Uzès en est une preuve.*

Le comte du Vexin mourut jeune, et ne vécut que pour faire voir par ses infirmités qu'il était heureux de mourir. Madame de Montespan ne haïssait ni les remèdes, ni les expériences ; et j'ai ouï dire qu'on lui avait fait treize cautères le long de l'épine du dos. On le destinait à l'église, et il possédait déjà plusieurs grands bénéfices, entre lesquels était l'abbaye de Saint-Denis, qui fut depuis donnée à la maison royale de Saint-Cyr.

Mademoiselle de Tour, leur sœur, mourut à peu près au même âge, de huit à neuf ans. La quatrième était mademoiselle de Nantes, dont j'aurai souvent occasion de parler dans mes *Souvenirs*. Je dirai seulement ici qu'on n'oubliait rien dans son éducation pour faire valoir les talens propres à plaire qu'elle avait reçus de la nature. Elle répondit parfaitement à son éducation; mais ses grâces et ses charmes sont bien au-dessus de mes éloges. Ce n'est pourtant ni une taille sans défaut, ni ce qu'on appelle une beauté parfaite. Ce n'est pas non plus, à ce que je crois, un esprit d'une étendue infinie. Quoi qu'il en soit, elle a si bien tout ce qu'il faut pour plaire, qu'on ne juge de ce qui lui manque que lorsque la découverte de son cœur laisse la raison libre. Cette découverte devrait être aisée à faire, puisqu'elle ne s'est jamais piquée d'amitié; cependant la pente naturelle qu'on a à se flatter soi-même, et la séduction de ses agrémens est telle qu'on ne l'en veut pas croire elle-même, et qu'on attend pour se désabuser une expérience personnelle qui ne manque guère.

Après ces cinq enfans, madame de Montespan fut quelque temps sans en avoir, et ce fut dans cet intervalle que se fit cette fameuse séparation et ce raccommodement si glorieux à M. l'évêque de Meaux, à madame de Montausier, et à toutes les personnes de mérite et de vertu qui étaient alors à la cour.

La rupture se fit dans le temps d'un jubilé. Le roi avait un fonds de religion qui paraissait même dans ses plus grands désordres avec les femmes; car il n'eut jamais que cette faiblesse. Il était né sage et si régulier dans sa conduite, qu'il ne manqua d'entendre la messe tous les jours que deux fois dans toute sa vie, et c'était à l'armée.

Les grandes fêtes lui causaient des remords; également troublé de ne pas faire ses dévotions ou de les faire mal. Madame de Montespan avait les mêmes sentimens; et ce n'était pas seulement pour se conformer à ceux du roi qu'elle les faisait paraître.

Elle avait été parfaitement bien élevée par une mère d'une grande piété, et qui avait jeté dans son cœur des semences de religion dès sa plus tendre enfance, dont elle ne se défit jamais. Elle les fit voir, comme le roi, dans tous les temps; et je me souviens d'avoir ouï raconter que, vivant avec le roi de la façon dont je viens de parler, elle jeûnait si austèrement les carêmes, qu'elle faisait peser son pain.

Un jour la duchesse d'Uzès, étonnée de ses scrupules, ne put s'empêcher de lui en dire un mot. *Eh quoi! madame,* reprit madame de Montespan, *faut-il, parce que je fais un mal, faire tous les autres?*

Enfin ce jubilé dont je viens de parler arriva. Ces deux amans, pressés par leur conscience, se séparèrent de bonne foi, ou du moins ils le crurent. Madame de Montespan vint à Paris, visita les églises, jeûna, pria, et pleura ses péchés; le roi, de son côté, fit tout ce qu'un bon chrétien doit faire. Le jubilé fini, gagné ou non gagné, il fut question de savoir si madame de Montespan reviendrait à la cour. Pourquoi non? disaient ses parens et ses amis même les plus vertueux; madame de Montespan, par sa naissance et par sa charge, doit y être; elle peut y vivre aussi chrétiennement qu'ailleurs. M. l'évêque de Meaux fut de cet avis. Il restait cependant une difficulté; madame de Montespan, ajoutait-on, paraîtra-t-elle devant le roi sans préparation? Il faudrait qu'ils se vissent avant que de se rencontrer en public, pour éviter les inconvéniens de la surprise. Sur ce principe il fut conclu que le roi viendrait chez madame de Montespan; mais pour ne pas donner à la médisance le moindre sujet de mordre, on convint que des dames respectables et les plus graves de la cour, seraient présentes à cette entrevue, et que le roi ne verrait madame de Montespan qu'en leur compagnie. Le roi vint donc chez madame de Montespan, comme il avait été décidé; mais insensiblement il la tira dans une fenêtre; ils se parlèrent bas assez long-temps, pleurèrent, et se dirent ce qu'on a accoutumé de dire en pareil cas; ils firent ensuite une profonde révérence à ces vénérables matrones, passèrent dans une autre chambre, et il en avint madame la duchesse d'Orléans, et ensuite M. le comte de Toulouse.

Je ne puis me refuser de dire ici une pensée qui me vint dans l'esprit. Il me semble qu'on voit encore dans le caractère, dans la physionomie, et dans toute la personne de madame la duchesse d'Orléans, des traces de ce combat de l'amour et du jubilé.

Ces deux grossesses furent traitées avec beaucoup de mystère. On cacha ces deux derniers enfans avec soin. Un des deux naquit à Maintenon, pendant une campagne du roi; et madame de Montespan avec madame de Thianges y firent un assez long séjour; mais madame de Maintenon ne fut pas chargée de ces derniers enfans, comme elle l'avait été des autres: M. de Louvois les fit élever à Paris, dans une maison au bout de la rue de Vaugirard.

Je me souviens de les avoir vu reconnaître pendant que j'étais encore chez madame de

Maintenon. Ils parurent à Versailles sans préparation. La beauté de M. le comte de Toulouse surprit et éblouit tous ceux qui le virent. Il n'en était pas de même de mademoiselle de Blois; car c'est ainsi qu'on l'appela jusqu'à son mariage. La flatterie a fait depuis que ses favorites l'entretenaient continuellement de sa grande beauté, langage qui devait d'autant plus lui plaire qu'elle y était moins accoutumée.

Les figures avaient un grand pouvoir sur l'esprit de madame de Montespan; ou, pour mieux dire, elle comptait infiniment sur l'impression qu'elles ont accoutumé de faire sur le commun des hommes, et les effets qu'elles produisent; c'est sans doute par là qu'elle eut tant de peine à pardonner à mademoiselle de Blois d'être née aussi désagréable. Madame de Thianges, sœur de madame de Montespan, et dont je parlerai quelquefois, encore moins raisonnable sur ce point, ne pouvait supporter que la portion du sang de Mortemart, que cet enfant avait reçue dans ses veines, n'eût pas produit une machine parfaite. Ainsi mademoiselle de Blois passait sa vie à s'entendre reprocher ses défauts; et comme elle était naturellement timide et glorieuse, elle parlait peu, et ne laissait rien voir du côté de l'esprit qui pût les réparer. Le roi en eut pitié; et c'est peut-être l'origine des grands biens qu'il lui a faits, et la première cause du rang où il la fit monter depuis.

Madame la duchesse d'Orléans ne laissait pas d'avoir de la beauté, une belle peau, une belle gorge, de beaux bras et de belles mains, mais peu de proportion dans ses traits. Telle qu'elle était, madame de Thianges aurait dû avoir plus d'indulgence pour elle, puisqu'elle lui ressemblait beaucoup. Quant à l'esprit, il est certain que madame la duchesse d'Orléans en a, quoique, à dire la vérité, elle en ait peu montré dans sa conduite, par rapport à sa famille, depuis la mort du roi.

Je reviens à madame de Maintenon, qui vécut chez madame de Montespan avec I. le duc du Maine jusqu'au temps où elle le promena en différens endroits pour chercher du remède à sa jambe. Ce prince était né droit et bien fait, et le fut jusqu'à l'âge de trois ans que les grosses dents lui percèrent, en lui causant des convulsions si terribles qu'une de ses jambes se retira beaucoup plus que l'autre. On essaya en vain tous les remèdes de la faculté de Paris, après lesquels on le mena à Anvers pour le faire voir à un homme dont on vantait le savoir et les remèdes ; mais comme on ne voulut pas que M. du Maine fût connu pour ce qu'il était, madame de Maintenon fit ce voyage sous le nom supposé d'une femme de condition du Poitou qui menait son fils à cet empirique, dont les remèdes étaient apparemment bien violens, puisqu'il allongea cette malheureuse jambe beaucoup plus que l'autre, sans la fortifier, et les douleurs extrêmes que M. du Maine souffrit ne servirent qu'à la lui faire traîner comme nous voyons. Malgré ce mauvais succès, il ne laissa pas de faire encore deux voyages à Barrège, aussi inutilement que le reste.

Connu en France pour être fils du roi, il reçut, dans tous les lieux où il passa, des honneurs qu'on aurait à peine rendus au dauphin.

Madame de Maintenon fut bien aise, en passant par le Poitou et la Saintonge, de revoir sa patrie, sa famille et ses connaissances. M. d'Aubigné, en ce temps-là gouverneur de Cognac, y reçut M. le duc du Maine avec une magnificence qui devait lui plaire; mais le plus grand plaisir qu'elle eut dans ses différens voyages fut de n'être pas à la cour. Elle en trouva encore un autre dans la conversation de M. Fagon, alors médecin de M. le duc du Maine. C'est là que se forma entre eux cette estime et cette amitié qui ne se sont pas démenties. Plus M. Fagon vit madame de Maintenon de près, plus il admira sa vertu, et goûta son esprit. Je le cite comme un bon juge du vrai mérite.

Au retour de ces voyages, la faveur de madame de Maintenon augmenta, et celle de madame de Montespan diminua avec la même rapidité. Son humeur s'en ressentit;

et madame de Maintenon, qui voulait encore la ménager, et qui sans doute ne prévoyait pas jusqu'où sa faveur devait la conduire, pensait sérieusement à se retirer, ne désirant que la tranquillité et le repos de sa première vie. Je le sais, et pour le lui avoir entendu dire, et par des lettres que j'ai vues depuis sa mort, écrites de sa main, et adressées à un docteur de Sorbonne, nommé l'abbé Gobelin, son confesseur; mais son étoile singulière ne lui permit pas d'accomplir un projet si sensé : tout l'acheminait au grand personnage que nous lui avons vu jouer depuis.

J'ai vu encore dans ces mêmes lettres qu'on avait voulu la marier au vieux duc de Villars, pour s'en défaire peut-être plus honnêtement. Je rapporte ici la manière dont elle s'en explique elle-même avec son confesseur. « Madame de Montespan et madame
» de Richelieu travaillent présentement à un
» mariage pour moi, qui pourtant ne s'a-
» chèvera pas. C'est un duc assez malhon-
» nête homme et fort gueux : ce serait une

» source d'embarras et de déplaisirs qu'il
» serait imprudent de s'attirer ; j'en ai déjà
» assez (1) dans une condition singulière et
» enviée de tout le monde, sans aller en
» chercher dans un état qui fait le malheur
» des trois quarts du genre humain. »

Il faut avouer que le roi, dans les premiers temps, eut plus d'éloignement que d'inclination pour madame de Maintenon ; mais cet éloignement n'était fondé que sur une espèce de crainte de son mérite, et sur ce qu'il la soupçonnait d'avoir dans l'esprit le précieux de l'hôtel de Rambouillet, dont les hôtels d'Albret et de Richelieu, où elle avait brillé, étaient une suite et une imitation, quoiqu'avec des correctifs, et qu'il leur manquât un *Voiture* pour en faire passer à la postérité les plaisanteries et les amusemens.

On se moquait à la cour de ces sociétés

---

(1) La singularité de sa condition et de son état venait sans doute de ce qu'elle se trouvait à la cour, et la veuve de Scarron, dont pourtant elle n'avait jamais été la femme.

de gens oisifs, uniquement occupés à développer un sentiment et à juger d'un ouvrage d'esprit. Madame de Montespan elle-même, malgré le plaisir qu'elle avait trouvé autrefois dans ces conversations, les tourna après en ridicule pour divertir le roi.

L'éloignement de ce prince pour madame de Maintenon aurait paru plus naturel s'il eût été fondé sur ce qu'il savait bien qu'elle condamnait le scandale donné à toute la France par la manière dont il vivait avec une femme mariée et enlevée à son mari. Elle lâchait même souvent sur ce sujet des traits dont on ne devait pas lui savoir gré, et tels que celui-ci. Elle dit un jour au roi, à une revue des mousquetaires: *Que feriez-vous, sire, si on vous disait qu'un de ces jeunes gens vit publiquement avec la femme d'un autre, comme si elle était la sienne?* Il est vrai que j'ignore le temps où elle fit cette question, et qu'il est à présumer qu'elle se croyait alors bien sûre de sa faveur. J'ignore aussi quelle fut la réponse du roi; mais le discours est certain, et il suffit pour faire voir quels ont été les sentimens et la conduite de madame de Maintenon à cet égard, d'autant plus qu'elle était encore dans ce temps-là chez madame de Montespan, auprès de ses enfans.

Cependant le roi, si prévenu dans les commencemens contre madame de Maintenon, qu'il ne l'appelait d'un air de dénigrement, en parlant à madame de Montespan, que *votre bel esprit*, s'accoutuma à elle, et comprit qu'il y avait tant de plaisir à l'entretenir qu'il exigea de sa maîtresse, par une délicatesse dont on ne l'eût peut-être pas cru capable, de ne lui plus parler les soirs quand il serait sorti de sa chambre. Madame de Maintenon s'en aperçut ; et voyant qu'on ne lui répondait qu'un oui et qu'un non assez sec : *J'entends*, dit-elle, *ceci est un sacrifice* ; et, comme elle se levait, madame de Montespan l'arrêta, charmée qu'elle eût pénétré le mystère. La conversation n'en fut que plus vive après, et elles se dirent sans doute, dans un genre diffèrent, l'équivalent de ce que Ninon avait dit du billet de La Châtre (1).

On peut juger, par cet échantillon, que le roi n'était pas incapable de délicatesse, et que madame de Montespan n'était pas en droit de lui reprocher, comme elle lui reprocha une fois, de n'être point amoureux d'elle, mais de se croire seulement redevable au public d'être aimé de la plus belle femme de son royaume. Il est vrai que le roi n'était point l'homme du monde le plus fidèle en amour, et qu'il a eu, pendant son commerce avec madame de Montespan, quelques autres aventures galantes dont elle se souciait peu, et elle n'en parlait que par humeur ou pour se divertir.

Je ne sais pourtant si madame de Soubise lui fut aussi indifférente, quoiqu'elle parût ne s'en pas soucier. Madame de Montespan découvrit cette intrigue, par l'affectation que

---

(1) M. de La Châtre avait exigé de mademoiselle de Lenclos un billet comme quoi elle lui serait fidèle pendant son absence; et, étant avec un autre, dans le moment le plus vif, elle s'écria : *Ah ! le bon billet qu'a la Châtre !*

madame de Soubise avait de mettre certains pendans d'oreilles d'émeraudes les jours que M. de Soubise allait à Paris. Sur cette idée, elle observa le roi, le fit suivre, et il se trouva que c'était effectivement le signal du rendez-vous.

Madame de Soubise avait un mari qui ne ressemblait pas à celui de madame de Montespan, et pour lequel il fallait avoir des ménagemens. D'ailleurs, madame de Soubise était trop solide pour s'arrêter à des délicatesses de sentiment, que la force de son esprit ou la froideur de son tempérament lui faisait regarder comme des faiblesses honteuses. Uniquement occupée des intérêts et de la grandeur de sa maison, tout ce qui ne s'opposait pas à ses vues lui était indifférent.

Pour juger si madame de Soubise s'est conduite selon ces maximes, il suffit de considérer l'état présent de cette maison, et de la comparer à ce qu'elle était quand elle y est entrée : à peine M. de Soubise avait-il alors six mille livres de rente.

Madame de Soubise a soutenu son carac-

4..

tère, et suivi les mêmes idées dans le mariage de monsieur son fils avec l'héritière de la maison de Vantadour, veuve du prince de Turenne, dernier mort. Les discours du public, et la mauvaise conduite effective de la personne ne l'arrêtèrent pas; elle pensa ce que madame Cornuel en dit alors, que ce serait un grand mariage dans un siècle.

Pour dire la vérité, je crois que madame de Soubise et madame de Montespan n'aimaient guère plus le roi l'une que l'autre. Toutes deux avaient de l'ambition; la première pour sa famille, la seconde pour elle-même. Madame de Soubise voulait élever sa maison et l'enrichir; madame de Montespan voulait gouverner et faire sentir son autorité. Mais je ne pousserai pas plus loin le parallèle; je dirai seulement que, si l'on en excepte la beauté et la taille, qui pourtant n'étaient en madame de Soubise que comme un beau tableau ou une belle statue, elle ne devait pas disputer un cœur avec madame de Montespan. Son esprit, uniquement porté aux affaires, rendait sa conversation froide et plate; madame de Montespan, au contraire, rendait agréables les matières les plus sérieuses, et annoblissait les plus communes : aussi je crois que le roi n'a jamais été fort amoureux de madame de Soubise, et que madame de Montespan aurait eu tort d'en être inquiète. Bien des gens ont cru M. le cardinal de Rohan fils du roi; mais s'il y a eu un des enfans de madame de Soubise qui fût de lui, il est mort il y a long-temps.

Malgré ces infidélités du roi, j'ai souvent entendu dire que madame de Montespan aurait toujours conservé du crédit sur son esprit, si elle avait eu moins d'humeur, et si elle avait moins compté sur l'ascendant qu'elle croyait avoir. L'esprit qui ne nous apprend pas à vaincre notre humeur, devient inutile quand il faut ramener les mêmes gens qu'elle a écartés; et si les caractères doux souffrent plus long-temps que les autres, leur fuite est sans retour.

Le roi trouva une grande différence dans l'humeur de madame de Maintenon ; il trouva une femme toujours modeste, toujours maîtresse d'elle-même, toujours raisonnable, et qui joignait encore à des qualités si rares les agrémens de l'esprit et de la conversation.

Mais elle eut à souffrir avant de s'être fait connaître. Il est aisé de juger qu'une femme dont l'humeur est plus forte que l'envie de plaire à son maître et à son amant, ne ménage par une amie qu'elle croit lui devoir être soumise. Il paraît même que la mauvaise humeur de madame de Montespan augmentait à proportion de la raison et de la modération qu'elle découvrait dans madame de Maintenon, et peut-être à mesure que le roi revenait des préventions qu'il avait eues contre elle. Il était cependant bien difficile qu'on pût prévoir les suites qu'auraient un jour ces commencemens d'estime.

Je rapporterai ici quelques fragmens des lettres que madame de Maintenon écrivait à l'abbé Gobelin : on y verra, mieux que je ne pourrais l'exprimer, et ce qu'elle eut à souffrir, et quels étaient ses véritables sentimens. Il est vrai qu'il serait à désirer que ces lettres fussent datées ; mais les choses marquent assez le temps où elles ont été écrites.

« Madame de Montespan et moi avons
» eu une conversation fort vive ; elle en a
» rendu compte au roi à sa mode, et je vous
» avoue que j'aurai bien de la peine à demeurer
» dans un état où j'aurai tous les
» jours de pareilles aventures. Qu'il me serait
» doux de me remettre en liberté ! J'ai
» eu mille fois envie d'être religieuse ; mais
» la peur de m'en repentir m'a fait passer
» par-dessus des mouvemens que mille personnes
» auraient appelés vocation... Je ne
» saurais comprendre que la volonté de Dieu
» soit que je souffre de madame de Montespan.
» Elle est incapable d'amitié et je
» ne puis m'en passer. Elle ne saurait trouver
» en moi les oppositions qu'elle y trouve,
» sans me haïr. Elle me redonne au roi
» comme il lui plaît, et m'en fait perdre
» l'estime. Je suis avec lui sur le pied d'une
» bizarre qu'il faut ménager. » Dans une
autre lettre : « Il se passe ici des choses
» terribles entre madame de Montespan et

» moi. Le roi en fut hier témoin ; et ces
» procédés-là, joints aux maux continuels
» de ses enfans, me mettent dans un état
» que je ne pourrai long-temps soutenir. »

C'est apparemment à cette lettre qu'il faut rapporter ce que j'ai ouï raconter à madame de Maintenon, qu'étant un jour avec madame de Montespan dans une crise la plus violente du monde, le roi les surprit, et, les voyant toutes deux fort échauffées, il demanda ce qu'il y avait. Madame de Maintenon prit la parole d'un grand sang-froid, et dit au roi : *Si votre majesté veut passer dans cette autre chambre, j'aurai l'honneur de le lui apprendre.* Le roi y alla ; madame de Maintenon le suivit, et madame de Montespan demeura seule. Sa tranquillité en cette occasion paraît très-surprenante ; et j'avoue que je ne la pourrais croire s'il m'était possible d'en douter.

Quand madame de Maintenon se vit tête-à-tête avec le roi, elle ne dissimula rien ; elle peignit l'injustice et la dureté de madame de Montespan d'une manière vive, et fit voir combien elle avait lieu d'en appréhender les effets. Les choses qu'elle citait n'étaient pas inconnues du roi; mais, comme il aimait encore madame de Montespan, il chercha à la justifier ; et pour faire voir qu'elle n'avait pas l'âme si dure, il dit à madame de Maintenon : *Ne vous êtes-vous pas souvent aperçue que ses beaux yeux se remplissent de larmes lorsqu'on lui raconte quelque action généreuse et touchante ?* Avec cette disposition, il est à présumer, comme je l'ai dit, que si madame de Montespan eût voulu, elle aurait encore long-temps gouverné ce prince.

Cette conversation de madame de Maintenon avec le roi fut suivie de plusieurs autres ; mais le mariage de Monseigneur fit trouver à madame de Maintenon, dans la maison de madame la dauphine, une porte honorable pour se soustraire à la tyrannie de madame de Montespan.

Cependant, avant de quitter le chapitre des choses qui la regardent, la vérité m'oblige de convenir, d'après madame de Maintenon, que si madame de Montespan avait des défauts, elle avait aussi de grandes qualités. Sensible à la bonne gloire, elle laissait à madame de Thianges, sa sœur, le soin de se prévaloir des avantages de la naissance, et se moquait souvent de son entêtement sur ce chapitre.

Mais puisque je parle de madame de Thianges, je dirai un mot des trois sœurs.

Madame de Montespan, disait M. l'abbé Testu, *parle comme une personne qui lit, madame de Thianges comme une personne qui rêve, et madame de Fontevrault comme une personne qui parle.* Il pouvait avoir raison sur les deux autres ; mais il avait tort sur madame de Montespan, dont l'éloquence était sans affectation.

Je n'ai point eu l'honneur de connaître madame l'abbesse de Fontevrault ; je sais seulement, par tous les gens qui l'ont connue, qu'on ne pouvait rassembler dans la même personne plus de raison, plus d'esprit, et plus de savoir : son savoir fut même un effet de sa raison. Religieuse sans vocation, elle chercha un amusement convenable à son état; mais ni les sciences, ni la lecture, ne lui firent rien perdre de ce qu'elle avait de naturel.

Madame de Thianges, folle sur deux chapitres, celui de sa personne et celui de sa naissance, d'ailleurs dénigrante et moqueuse, avait pourtant une sorte d'esprit, beaucoup d'éloquence, et rien de mauvais dans le cœur ; elle condamnait même souvent les injustices et la dureté de madame sa sœur, et j'ai ouï dire à madame de Maintenon qu'elle avait trouvé en elle de la consolation dans leurs démêlés.

Il y aurait des contes à faire à l'infini sur les deux points de sa folie ; mais il suffit de dire, pour celle de sa maison, qu'elle n'en admettait que deux en France, la sienne et celle de La Rochefoucauld (1) ; et que si elle ne disputait pas au roi l'illustration, elle lui disputait quelquefois l'ancienneté, parlant

(1) Elle distinguait la maison La Rochefoucauld des autres, en faveur des fréquentes alliances qu'elle avait eues avec la maison de Rochechouart.

à lui-même. Quant à sa personne, elle se regardait comme un chef-d'œuvre de la nature, non tant pour la beauté extérieure que pour la délicatesse des organes qui composaient sa machine; et, pour réunir les deux objets de sa folie, elle s'imaginait que sa beauté et la perfection de son tempérament procédaient de la différence que la naissance avait mise entre elle et le commun des hommes.

Madame de Thianges était l'aînée de plus de dix ans de madame de Montespan, et je ne sais comment il se pouvait faire qu'ayant été élevées par une mère sévère, elles prissent tant de liberté. Je n'en serais pas étonnée de la part de M. le duc de Mortemart leur père, qui, je crois, n'était pas fort scrupuleux, et dont j'ai entendu raconter plusieurs bons mots, qui sont autant de preuves et de la mauvaise humeur de la femme, et du libertinage du mari, tels que celui-ci : M. de Mortemart étant rentré fort tard à son ordinaire, sa femme, qui l'attendait, lui dit : *D'où venez-vous ? passerez-vous ainsi votre vie avez des diables ?* A quoi M. de Mortemart répondit : *Je ne sais d'où je viens : mais je sais que mes diables sont de meilleure humeur que votre bon ange.*

J'ai ouï dire au feu roi que madame de Thianges s'échappait souvent de chez elle pour le venir trouver, lorsqu'il déjeûnait avec des gens de son âge. Elle se mettait avec eux à table, en personne persuadée qu'on n'y vieillit point (1). Cette éducation ne devait point contribuer à la faire bien marier ; cependant elle épousa M. le marquis de Thianges, de la maison de Damas, et elle lui apporta en dot le dénigrement qu'elle avait pour tout ce qui n'était pas de son sang, ni dans son alliance; et comme les terres de la maison de Thianges sont en Bourgogne, où elle fit quelque séjour, l'ennui qu'elle y eut lui inspira une aversion pour tous les Bourguignons qu'elle conserva jusqu'à la fin de ses jours ; en sorte que la plus

(1) Ce n'est pas elle qui a dit la première *qu'on ne vieillit point à table* : c'était une maxime du célèbre gourmand Broussin, avant que madame de Thianges fût au monde.

grande injure qu'elle pouvait dire à quelqu'un était de l'appeler Bourguignon. Elle eut de ce mariage un fils et deux filles; mais elle ne vit dans ce fils que cette province qu'elle détestait, et dans sa fille aînée que sa propre personne qu'elle adorait. Elle la maria au duc de Nevers; la cadette épousa le duc de Sforce, et partit aussitôt après son mariage pour l'Italie, dont elle ne revint qu'après la décadence de la faveur de madame de Montespan. Je l'ai vue à son retour encore assez jeune pour juger de sa beauté; mais elle n'avait que de la blancheur, d'assez beaux yeux, et un nez tombant dans une bouche fort vermeille, qui fit dire à M. de Vendôme qu'elle ressemblait à un perroquet qui mange une cerise.

Madame de Thianges n'avait pas tort d'admirer madame de Nevers; tout le monde l'admirait avec elle; mais personne ne trouvait qu'elle lui ressemblât, comme elle se l'imaginait. Madame de Montespan fit ce qu'elle put pour inspirer au roi du goût pour sa nièce; mais il ne donna pas dans le iége, soit qu'on s'y prît d'une manière trop grossière, capable de le révolter, ou que sa eauté n'eût pas fait sur lui l'effet qu'elle roduisait sur tous ceux qui la regardaient.

Au défaut du roi, madame de Nevers se contenta de M. le Prince, qu'on appelait en ce temps-là M. le Duc. L'esprit, la galanterie et la magnificence, quand il était amoureux, réparaient en lui une figure qui tenait plus du gnome que de l'homme. Il a marqué sa galanterie pour madame de Nevers par une infinité de traits ; mais je ne parlerai que de celui-ci : M. de Nevers avait accoutumé de partir pour Rome de la même manière dont on va souper à ce qu'on appelle aujourd'hui une guinguette ; et on avait vu madame de Nevers monter en carrosse, persuadée qu'elle allait seulement se promener, entendre dire à son cocher, *à Rome*. Mais comme avec le temps elle connut mieux monsieur son mari, et qu'elle se tenait plus sur ses gardes, elle découvrit qu'il était sur le point de lui faire faire encore le même voyage, et en avertit M. le Prince, lequel, aussi fertile en inventions que magnifique lorsqu'il s'agissait de satisfaire ses goûts, pensa, par la connaissance qu'il avait du génie et du caractère de M. de Nevers, qu'il fallait employer son talent et réveiller sa passion pour les vers. Il imagina donc de donner une fête à Monseigneur, à Chantilly. Il la proposa, on l'accepta. Il alla trouver M. de Nevers, et supposa avec lui un extrême embarras pour le choix du poète qui ferait les paroles du divertissement, lui demandant en grâce de lui en trouver un, et de le vouloir conduire ; sur quoi M. de Nevers s'offrit lui-même, comme M. le Prince l'avait prévu. Enfin la fête se donna ; elle coûta plus de cent mille écus, et madame de Nevers n'alla point à Rome (1).

Pour terminer l'article des nièces de madame de Montespan, je parlerai succinctement de l'aînée des filles du maréchal de Vivonne son frère, la seule qui ait paru à la

___
(1) M. le Duc, pour entrer secrètement chez madame de Nevers, dont le mari était si jaloux, avait acheté deux maisons contiguës à l'hôtel de Nevers.

cour du temps de sa faveur. Elle épousa le prince d'Elbeuf par les soins et les représentations continuelles de madame de Maintenon, à qui elle fit pitié; car je ne sais par quelle fatalité madame sa tante eut tant de peine à l'établir. Rien cependant ne lui manquait, beauté, esprit, agrémens; et madame de Montespan, quoiqu'elle ne l'aimât pas, ne l'a jamais blâmée que sur ce qu'elle n'avait pas, disait-elle, l'air assez noble. Quant au duc d'Elbeuf, on sait l'usage qu'il a fait de sa grande naissance, d'un courage qui en était digne, d'une figure aimable, et d'un esprit auquel il ne manquait que de savoir mieux profiter de ces grands et rares avantages de la nature. Il a passé sa jeunesse à être le fléau de toutes les familles par ses mauvais procédés avec les femmes, et par se vanter souvent de faveurs qu'il n'avait pas reçues. Comme il n'y avait pas moyen de mettre dans son catalogue celles de madame sa femme, il semble qu'il ait voulu s'en dédommager par les discours qu'il en a tenus, et par une conduite fort injuste à son égard.

Madame de Maintenon conserva avec le duc d'Elbeuf une liberté qu'elle avait prise dans la maison de madame de Montespan, où on ne l'appelait en badinant que *le goujat*, pour marquer la vie qu'il menait et la compagnie qu'il voyait ; et elle lui a fait souvent des réprimandes aussi inutiles que bien reçues. Le roi avait du faible pour ce prince ; il lui parlait avec bonté, lui pardonnait ses fautes, et ne lui a presque jamais rien refusé de ce qu'il lui demandait ; mais enfin madame sa femme n'a pas été heureuse, et madame de Montespan ne l'a pas assez soutenue dans ses peines domestiques.

Je reviens au caractère de la tante, dont la dureté a paru dans des occasions où il est rare d'en montrer, et plus singulier encore d'en tirer vanité. Un jour que le carrosse de madame de Montespan passa sur le corps d'un pauvre homme, sur le pont de Saint-Germain, madame de Montausier, madame de Richelieu, madame de Maintenon, et quelques autres qui étaient avec elle, en furent effrayées et saisies comme on l'est d'ordinaire en pareille occasion; la seule madame de Montespan ne s'en émut pas, et elle reprocha même à ces dames leur faiblesse. *Si c'était*, leur disait-elle, *un effet de la bonté de votre cœur, et une véritable compassion, vous auriez le même sentiment en apprenant que cette aventure est arrivée loin comme près de vous.*

Elle joignait à cette dureté de cœur une raillerie continuelle, et elle portait des coups dangereux à ceux qui passaient sous ses fenêtres pendant qu'elle était avec le roi. L'un était, disait-elle, si ridicule, que ses meilleurs amis pouvaient s'en moquer sans manquer à la morale; l'autre, qu'on disait être honnête homme : oui, reprenait-elle, il faut lui savoir gré de ce qu'il le veut être ; un troisième ressemblait au valet de carreau ; ce qui donna même à ce dernier un si grand ridicule, qu'il lui a fallu depuis tout le manège d'un Manceau pour faire la fortune qu'il a faite ; car elle ne s'en tenait pas à la critique de son ajustement, elle se moquait aussi de ses phrases, et n'avait pas tort.

Ces choses peuvent passer pour des bagatelles, et elles le sont en effet entre des particuliers ; mais il n'en est pas de même quand il est question du maître. Ces bagatelles et ces traits satiriques reviennent dans des occasions importantes et décisives pour la fortune. En un mot, on ne paraissait guère impunément sous les yeux de madame de Montespan ; et souvent un courtisan, satisfait de s'être montré, n'en a retiré qu'un mauvais office, dont il a été perdu sans en démêler la cause.

Mais, malgré ces défauts, madame de Montespan avait des qualités peu communes, de la grandeur d'âme, et de l'élévation dans l'esprit. Elle le fit voir dans les sujets qu'elle proposa au roi pour l'éducation de Monseigneur : elle ne songea pas seulement au temps présent, mais à l'idée que la postérité aurait de cette éducation par le choix de ceux qui devaient y contribuer. Car, en effet, si on considère le mérite et la vertu de M. de Montausier, l'esprit et le savoir de M. de Meaux, quelle haute idée n'aura-t-on pas et du roi qui a fait élever si dignement son fils, et du dauphin qu'on croira savant et habile parce qu'il le devait être ?

On ignorera les détails qui nous ont fait connaître l'humeur de M. de Montausier, et qui nous l'ont fait voir plus propre à rebuter un enfant tel que Monseigneur, né doux, paresseux et opiniâtre, qu'à lui inspirer les sentimens qu'il devait avoir.

La manière rude avec laquelle on le forçait d'étudier lui donna un si grand dégoût pour les livres, qu'il prit la résolution de n'en jamais ouvrir quand il serait son maître. Il a tenu parole : mais comme il était bien né, et qu'il avait un bon modèle devant les yeux dans la personne du roi son père qu'il admirait et qu'il aimait, son règne aurait été heureux et tranquille ; je dis tranquille, parce que la paix étant faite, et sachant bien que le roi n'avait pas envie de recommencer la guerre, il n'y aurait de lui-même pensé de long-temps, et jamais qu'avec justice. Il aurait suivi le même plan de gouvernement; nous n'aurions vu de changement que dans le lieu de son séjour, qu'il aurait, je crois, partagé entre Paris et Meudon.

Madame de Montespan, dans les mêmes vues de la gloire du roi, fit choix de M. Racine et de M. Despréaux pour en écrire l'histoire. Si c'est une flatterie, on conviendra qu'elle n'est pas d'une femme commune, ni d'une maîtresse ordinaire.

Cependant madame de Montespan s'aperçut que le roi lui échappait lorsque le mal était sans remède. Elle chercha à s'appuyer de M. de La Rochefoucauld, regardé comme une espèce de favori. Elle mit M. de Louvois dans ses intérêts, et voulut enfin regagner par l'intrigue ce qu'elle avait perdu par son humeur, et par l'opinion où elle avait toujours été que celui dont l'esprit est supérieur doit gouverner celui qui en a moins. Mais à quoi sert cette prétendue supériorité, quand les passions nous aveuglent et nous font prendre les plus mauvais partis ?

Le roi ne savait peut-être pas si bien discourir qu'elle, quoiqu'il parlât parfaitement bien. Il pensait juste, s'exprimait noblement, et ses réponses les moins préparées renfermaient en peu de mots tout ce qu'il y avait de mieux à dire, selon les temps, les choses et les personnes. Il avait, bien plus que sa maîtresse, l'esprit qui donne de l'avantage sur les autres. Jamais pressé de parler, il examinait, il pénétrait les caractères et les pensées; mais, comme il était sage, et qu'il savait combien les paroles des rois sont pesées, il renfermait souvent en lui-même ce que sa pénétration lui avait fait découvrir. S'il était question de parler de choses importantes, on voyait les plus habiles et les plus éclairés étonnés de ses connaissances, persuadés qu'il en savait plus qu'eux, et charmés de la manière dont il s'exprimait. S'il fallait badiner, s'il faisait des plaisanteries, s'il daignait faire un conte, c'était avec des grâces infinies, un tour noble et fin, que je n'ai vu qu'à lui.

La principale vue de madame de Montespan, de M. de La Rochefoucauld, et de M. de Louvois, fut de perdre madame de Maintenon, et d'en dégoûter le roi. Mais ils s'y prirent trop tard; l'estime et l'amitié qu'il avait pour elle avaient déjà pris de trop fortes racines. Sa conduite était d'ailleurs trop bonne, et ses sentimens trop purs, pour donner le moindre prétexte à l'envie et à la calomnie.

J'ignore les détails de cette cabale, dont madame de Maintenon ne m'a parlé que très-légèrement, et seulement en personne qui sait oublier les injures, mais qui ne les ignore pas.

Si j'ai dit que M. de La Rochefoucauld était une espèce de favori, c'est que depuis la disgrâce de M. de Lauzun, causée par la manière insolente dont il parla au roi après la rupture de son mariage avec Mademoiselle, ce prince avait pris la résolution de n'en jamais avoir, c'est-à-dire de favori déclaré. Ainsi M. de La Rochefoucauld eut tous les avantages de la faveur par les bienfaits, et le roi se garantit des inconvéniens attachés à cette qualité.

M. de Lauzun, peu content d'épouser Mademoiselle, voulut que le mariage se fît de couronne à couronne; et, par de longs et vains préparatifs, il donna le loisir à M. le Prince d'agir et de faire révoquer la permission que le roi lui avait accordée. Pénétré de douleur, il ne garda plus de mesures, et se fit arrêter et conduire dans une longue et dure prison (1) par la manière dont il parla à son maître.

Sans cette folle vanité le mariage se serait fait. Le roi, avec le temps, aurait calmé M. le Prince, et M. de Lauzun se serait vu publiquement le mari de la petite-fille de Henri IV, refusée à tant de princes et de rois pour ne les pas rendre trop puissans : il se serait vu cousin-germain de son maître.

Quelle fortune détruite en un moment par une gloire mal placée !

(1) Beaucoup trop dure, sans doute.

Peut-être aussi n'avait-il plu à Mademoiselle que par ce même caractère audacieux, et pour avoir été le seul homme qui eût osé lui parler d'amour (1); mais, comme cet événement est écrit partout, je ne m'y suis arrêtée que par sa singularité.

Mademoiselle, faible et sujette à des mouvemens violens qu'elle soutenait mal, ne cacha pas sa douleur. Après la rupture de son mariage elle se mit au lit, et reçut des visites comme une veuve désolée, et j'ai ouï dire à madame de Maintenon qu'elle s'écriait dans son désespoir : *Il serait là ! il serait là !* c'est-à-dire, il serait dans mon lit ; car elle montrait la place vide.

On a prétendu mal à propos que M. de Lauzun avait été bien avec madame de Montespan avant qu'elle fût maîtresse du roi. Rien n'est plus faux, si j'en crois ce que madame de Maintenon m'en a souvent dit.

Par la suite des temps, Mademoiselle négocia avec madame de Montespan le retour

(1) Par les mémoires de Mademoiselle, il est manifeste que ce fut elle qui en parla la première.

de M. de Lauzun, et c'est à cette considération qu'elle fit une donation à M. le duc du Maine de la souveraineté de Dombes et du comté d'Eu : mais M. de Lauzun ne fit que saluer le roi, et vécut ensuite à Paris jusqu'à la révolution d'Angleterre, dont je parlerai ailleurs.

Monseigneur fut marié en 1680, et madame de Maintenon, entrant en charge dans ce temps-là, n'eut plus rien à démêler avec madame de Montespan.

Elles ne se voyaient plus l'une chez l'autre; mais, partout où elles se rencontraient, elles se parlaient et avaient des conversations si vives et si cordiales en apparence, que qui les aurait vues sans être au fait des intrigues de la cour, aurait cru qu'elles étaient les meilleures amies du monde.

Ces conversations roulaient sur les enfans du roi, pour lesquels elles ont toujours agi de concert. L'habitude et le goût qu'elles avaient l'une et l'autre pour leur esprit, faisaient aussi qu'elles avaient du plaisir à s'entretenir quand l'occasion s'en présentait.

Je me souviens, à propos de ce goût indépendant de leurs procédés et de leurs mécontentemens, qu'elles se trouvèrent embarquées à faire un voyage de la cour dans le même carrosse, et, je crois, tête-à-tête. Madame de Montespan prit la parole, et dit à madame de Maintenon: *Ne soyons pas les dupes de cette affaire-ci ; causons comme si nous n'avions rien à démêler : bien entendu*, ajouta-t-elle, *que nous ne nous en aimerons pas davantage, et que nous reprendrons nos démêlés au retour.* Madame de Maintenon accepta la proposition, et elles se tinrent parole en tout.

Le roi, avant de nommer madame de Maintenon seconde dame d'atours de madame la dauphine, eut la politesse, pour madame la maréchale de Rochefort, de lui demander si cette compagne ne lui ferait point de peine, en l'assurant en même temps qu'elle ne se mêlerait pas de la garde-robe.

La conduite de madame de Maintenon ne démentit pas ces assurances. Sa faveur occupait tout son temps, et son caractère, encore plus que sa faveur, ne lui permettait pas d'agir d'une autre manière.

Madame la duchesse de Richelieu fut faite dame d'honneur de madame la dauphine : madame de Maintenon, et même madame de Montespan, dans tous les temps, avaient inspiré au roi une si grande considération pour elle, qu'il ne voulut pas lui donner le dégoût d'avoir une surintendante au-dessus d'elle.

Il fit aussi M. de Richelieu chevalier d'honneur pour lui faire plaisir. Voici, je crois, l'occasion de parler de l'hôtel de Richelieu, comme je l'ai promis.

Madame de Richelieu (1), sans bien, sans beauté, sans jeunesse, et même sans beaucoup d'esprit, avait épousé par son savoir-faire, au grand étonnement de toute la cour et de la reine-mère qui s'y opposa, l'héritier du cardinal de Richelieu, un homme revêtu des plus grandes dignités de l'Etat, parfaitement bien fait, et qui, par son âge, aurait

(1) Anne-Marguerite d'Acigné, fille de Jean-Léonard d'Acigné, comte de Grand-Bois, morte en 1698.

pu être son fils; mais il était aisé de s'emparer de l'esprit de M. de Richelieu : avec de la douceur et des louanges sur sa figure, son esprit et son caractère, il n'y avait rien qu'on ne pût obtenir de lui; il fallait seulement prendre garde à sa légèreté naturelle; car il s'engouait et se dégoûtait facilement. Madame de Maintenon m'a dit que ses amis s'apercevaient même de la place qu'ils avaient dans son cœur par celle que leurs portraits occupaient dans sa chambre. Au commencement d'une connaissance et d'une idée d'amitié, il faisait aussitôt peindre ceux qu'il croyait aimer, les mettait au chevet de son lit, et peu à peu ils cédaient leurs places à d'autres, reculaient jusqu'à la porte, gagnaient l'antichambre et puis le grenier, et enfin il n'en était plus question.

Madame de Richelieu continua, après son mariage, à ménager les faiblesses et à supporter les caprices de monsieur son mari; elle le voyait se ruiner à ses yeux par son jeu et sa dépense, sans jamais en faire paraître un instant de mauvaise humeur. L'un et l'autre avaient du goût pour les gens d'esprit, et ils rassemblaient chez eux, comme le maréchal d'Albret, ce qu'il y avait de meilleur à Paris en hommes et en femmes, et c'était à peu près les mêmes gens, excepté que l'abbé Testu, intime ami de madame de Richelieu, dominait l'hôtel de Richelieu, et s'en croyait le Voiture. C'était un homme plein de son propre mérite, d'un savoir médiocre, et d'un caractère à ne pas aimer la contradiction : aussi ne goûtait-il pas le commerce des hommes ; il aimait mieux briller seul au milieu d'un cercle de dames auxquelles il imposait, ou qu'il flattait plus ou moins, selon qu'elles lui plaisaient. Il faisait des vers médiocres, et son style était plein d'antithèses et de pointes.

Le commerce de l'abbé Testu avec les femmes a nui à sa fortune, et le roi n'a jamais pu se résoudre à le faire évêque. Je me souviens qu'un jour madame d'Heudicourt parla en sa faveur ; et, sur ce que le roi lui dit qu'il n'était pas assez homme de bien pour conduire les autres, elle répondit : *Sire, il attend, pour le devenir, que Votre Majesté l'ait fait évêque.*

Madame de Coulanges, femme de celui qui a tant fait de chansons, augmentait la bonne compagnie de l'hôtel de Richelieu. Elle avait une figure et un esprit agréables, une conversation remplie de traits vifs et brillans; et ce style lui était si naturel que l'abbé Gobelin dit (1), après une confession générale qu'elle lui avait faite : *Chaque péché de cette dame est une épigramme.* Personne en effet, après madame de Cornuel, n'a plus dit de bons mots que madame de Coulanges.

M. de Barillon, amoureux de madame de Maintenon, mais maltraité comme amant, et fort estimé comme ami, n'était pas ce qu'il y avait de moins bon dans cette société. Je ne l'ai vu qu'au retour de son ambassade d'Angleterre, après laquelle il trouva

(1) Quel directeur de madame de Maintenon, qu'un homme qui, pour divertir la compagnie, caractérise les confessions de ses dévotes! Il avait besoin d'être dirigé par elle : aussi l'était-il.

madame de Maintenon au plus haut point de sa faveur; et, comme il vit un jour le roi et toute la cour empressés autour d'elle, il ne put s'empêcher de dire tout haut : *Avais-je grand tort?* Mais piqué de ne la pouvoir aborder, il dit aussi un autre jour, sur le rire immodéré et le bruit que faisaient les dames qui étaient avec elle : *Comment une personne d'autant d'esprit et de goût peut-elle s'accommoder du rire et de la bavarderie d'une récréation de couvent, telle que me paraît la conversation de ces dames* (1)? Ce discours, rapporté à madame de Maintenon, ne lui déplut pas; elle en sentit la vérité.

Le cardinal d'Estrées n'était pas moins amoureux dans ce temps dont je parle; et il a fait pour madame de Maintenon beaucoup de choses galantes, qui, sans toucher son cœur, plaisaient à son esprit.

M. de Guilleragues, par la constance de son amour, son esprit et ses chansons, doit

---

(1) Voici bien de la galanterie, tant profane que sacerdotale.

aussi trouver place dans le catalogue des adorateurs de madame de Maintenon : enfin je n'ai rien vu, ni rien entendu dire de l'hôtel de Richelieu, qui ne donnât également une haute opinion de sa vertu et de ses agrémens.

Mademoiselle de Pons, depuis madame d'Heudicourt, et mademoiselle d'Aumale, depuis madame la maréchale de Schomberg, avaient aussi leurs amans déclarés, sans que la réputation de cette dernière en ait reçu la moindre atteinte ; et, si l'on a parlé différemment de madame d'Heudicourt, c'est qu'on ne regardait pas alors un amour déclaré, qui ne produisait que des galanteries publiques, comme des affaires dont on se cache, et dans lesquelles on apporte du mystère.

Madame de Schomberg était précieuse ; mademoiselle de Pons bizarre, naturelle, sans jugement, pleine d'imagination, toujours nouvelle et divertissante, telle enfin que madame de Maintenon m'a dit plus d'une fois : *Madame d'Heudicourt n'ou-*

vre pas la bouche sans me faire rire ; cependant je ne me souviens pas, depuis que nous nous connaissons, de lui avoir entendu dire une chose que j'eusse voulu avoir dite (1).

Il est temps de sortir de l'hôtel de Richelieu pour retourner à la cour, et reprendre ce que j'avais commencé à dire de la maison de madame la dauphine de Bavière, où madame de Maintenon eut beaucoup de part, tant au choix de madame la duchesse de Richelieu qu'à l'égard des autres charges. Cependant madame de Richelieu n'aima madame de Maintenon que dans la mauvaise fortune et dans le repos d'une vie oisive. La vue d'une faveur qu'elle croyait mériter mieux qu'elle l'emporta sur le goût naturel, l'estime et la reconnaissance. La première place dans la confiance du roi parut à ses yeux un vol qu'elle ne put pardonner à son

---

(1) Madame de Caylus le répète plus loin : c'est une preuve de la négligence et de la simplicité dont elle écrivait ces mémoires, qui ne sont en effet que des souvenirs sans ordre.

ancienne amie; mais, désespérant d'y parvenir, elle se tourna du côté de madame la dauphine; et, par des craintes, des soupçons, et mille fausses idées, elle contribua à l'éloignement que cette princesse eut pour le monde. Madame la dauphine voyait la nécessité d'être bien avec la favorite, pour être bien avec le roi son beau-père; mais la regardant en même temps comme une personne dangereuse dont il fallait se défier, elle se détermina à la retraite où elle était naturellement portée, et ne découvrit qu'après la mort de madame de Richelieu, dans un éclaircissement qu'elle eut avec madame de Maintenon, la fausseté des choses qu'elle lui avait dites. Étonnée de la voir aussi affligée, elle marqua sa surprise, et par l'enchaînement de la conversation, elle mit au jour les mauvais procédés de cette infidèle amie (1).

Si cet éclaircissement fournit à madame

(1) La véritable raison fut que madame de Richelieu, qui avait protégé autrefois madame Scarron, ne put supporter d'être totalement éclipsée par madame de Maintenon.

de Maintenon un motif de consolation, elle ne put voir sans douleur combien elle avait été abusée; mais il produisit un changement favorable dans l'esprit de madame la dauphine : elle songea dès ce moment à s'attacher plus étroitement madame de Maintenon ; elle lui proposa de remplir la place de madame de Richelieu, et elle le demanda au roi comme une chose qu'elle désirait passionnément.

Le roi avait eu la même pensée, et ce fut son premier mouvement lorsqu'il apprit la mort de madame de Richelieu ; mais madame de Maintenon refusa constamment un honneur que sa modestie lui faisait regarder comme au-dessus d'elle. C'est sans doute ce qu'elle veut dire dans une de ses lettres à M. d'Aubigné, que j'ai lue, et qui est encore à Saint-Cyr; et comme je suis persuadée qu'on ne pourrait jamais la faire si bien parler qu'elle parle elle-même, je vais copier l'article de cette lettre qui répond au sujet dont je parle :

« Je ne pourrais vous faire connétable
» quand je le voudrais, et, quand je le pour-
» rais, je ne le voudrais pas. Je suis inca-
» pable de vouloir demander rien que de
» raisonnable à celui à qui je dois tout, et
» que je n'ai pas voulu qui fît pour moi-
» même une chose au-dessus de moi. Ce
» sont des sentimens dont vous pâtissez
» peut-être ; mais peut-être aussi que, si
» je n'avais pas le fonds d'honneur qui les
» inspire, je ne serais pas où je suis. Quoi
» qu'il en soit, vous êtes heureux si vous
» êtes sage. »

Ce refus fit beaucoup de bruit à la cour : on y trouva plus de gloire que de modestie, et j'avoue que mon enfance ne m'empêcha pas d'en porter le même jugement. Je me souviens que madame de Maintenon me fit venir, à son ordinaire, pour voir ce que je pensais ; elle me demanda si j'aimerais mieux être la nièce de la dame d'honneur que la nièce d'une personne qui refuserait de l'être. A quoi je répondis sans balancer que je trouvais celle qui refusait infiniment au-dessus de l'autre; et madame de Maintenon, contente de ma réponse, m'embrassa.

Il fallut donc choisir une autre dame d'honneur; mais comme madame de Navailles avait dégoûté le roi de celles qui avaient de la fermeté et qui pouvaient être trop clairvoyantes, celles qui lui succédèrent, à l'exception de madame de Richelieu, le dégoûtèrent à leur tour de la douceur et du manque d'esprit. Il était cependant difficile de trouver dans la même personne, titres, vertu, esprit, représentation; et le nombre des duchesses, quelque grand qu'il soit, étant pourtant limité, le roi fut embarrassé dans ce choix : madame de Maintenon essaya inutilement de le déterminer en faveur de madame la duchesse de Créquy, dame d'honneur de la feue reine; elle n'en tira que cette réponse : *Ah! madame, changeons au moins de sotte.* L'occasion lui parut alors trop favorable pour la duchesse d'Arpajon, son ancienne amie, et sœur du marquis de

Beuvron, auquel elle était bien aise de faire plaisir, pour ne la pas proposer; le roi l'accepta, et madame d'Arpajon a parfaitement rempli l'idée qu'on avait d'elle.

Madame de Maintenon plaça encore, dans la maison de madame la dauphine, madame de Montchevreuil femme de mérite, si l'on borne l'idée du mérite à n'avoir point de galanteries. C'était d'ailleurs une femme froide et sèche dans le commerce, d'une figure triste, d'un esprit au-dessous du médiocre, et capable de dégoûter les plus dévôts de la piété, mais attachée à madame de Maintenon, à qui il convenait de produire à la cour une ancienne amie, d'une réputation sans reproche, avec laquelle elle avait vécu dans tous les temps, sûre et secrète jusqu'au mystère. J'ignore l'occasion et les commencemens de leur connaissance; je sais seulement que madame de Maintenon a passé souvent, dans sa jeunesse, plusieurs mois de suite à Montchevreuil.

Je ne prétends pas dissimuler ce qui s'est dit sur M. de Villarceaux, parent et de

ême maison que madame de Montche-
reuil (1). Si c'est par lui que cette liaison
s'est formée, elle ne décide rien contre ma-
ame de Maintenon, puisqu'elle n'a jamais
aché qu'il eût été de ses amis. Elle parla
pour son fils, et obtint le cordon bleu pour
lui : on voit même encore à Saint-Cyr une
lettre écrite à Madame de Villarceaux, où
elle fait le détail de l'entrée du roi à Paris
après son mariage, dans laquelle elle parle
de ce même M. de Villarceaux, et voici ce
qu'elle en dit : « Je cherchai M. de Villar-
» ceaux ; mais il avait un cheval si fou-
» gueux qu'il était à vingt pas de moi avant
» que je le reconnusse ; il me parut bien
» et des plus galamment habillés, quoique
» des moins magnifiques ; sa veste brune
» lui séyait fort bien, et il avait fort bonne
» grâce à cheval. »

(1) Cet endroit était délicat à traiter : il est certain que madame Scarron avait enlevé à Ninon, Villarceaux son amant. J'ignore jusqu'à quel point M. de Villarceaux poussa sa conquête ; mais je sais que Ninon ne fit que rire de cette infidélité ; qu'elle n'en sut nul mauvais gré à sa rivale, et madame de Maintenon aima toujours Ninon.

Cependant, quelque persuadée que je sois de la vertu de madame de Maintenon, je ne ferais pas comme M. de Lassay, qui, pour trop affirmer un jour que ce qu'on avait dit sur ce sujet était faux, s'attira une question singulière de la part de madame sa femme, fille naturelle de M. le Prince. Ennuyée de la longueur de la dispute, et admirant comment monsieur son mari pouvait être autant convaincu qu'il le paraissait, elle lui dit d'un sang-froid admirable : *Comment faites-vous, monsieur, pour être si sûr de ces choses-là ?* Pour moi, il me suffit d'être persuadée de la fausseté des bruits désavantageux qui ont couru, et d'en avoir assez dit pour montrer que je ne les ignore pas.

Je reviens à madame de Montchevreuil, pour laquelle toute la faveur et l'amitié de madame de Maintenon ne purent obtenir que la place de gouvernante des filles : c'était peu pour elle, mais on y attacha de grandes distinctions; elle fut regardée comme une quatrième dame qui suivait et servait madame la dauphine au défaut des dames d'honneur et de la dame d'atours ; et la chambre, composée des plus grands noms du royaume, fut établie sur un pied différent de celle des filles de la reine.

Le roi, jeune et galant alors, avait contribué aux choses peu exemplaires qui s'y étaient passées. On sait les démêlés qu'il eut avec madame de Navailles pour une fenêtre qu'elle fit boucher, et qu'elle suspendit par là certaines visites nocturnes que son austère vertu ne crut pas devoir tolérer. Elle dit en face au roi qu'elle ferait sa charge, et qu'elle ne souffrirait pas que la chambre des filles fût déshonorée ; sur quoi le roi déclara qu'elle serait à l'avenir dans la dépendance de madame la comtesse de Soissons, surintendante. Madame de Navailles soutint toujours ses droits avec la même fermeté, et s'attira enfin une disgrâce honorable que monsieur son mari voulut partager avec elle.

Ainsi le roi, instruit par sa propre expérience et corrigé par les années, n'oublia rien de ce qui pouvait mettre les filles d'honneur de madame la dauphine sur un bon pied. Voici les noms et à peu près le caractère des six premières.

Mademoiselle de Laval avait un grand air, une belle taille, un visage agréable, et dansait parfaitement bien. On prétend qu'elle plut au roi; je ne sais ce qui en est: il la maria avec M. de Roquelaure, et le fit duc à brevet, comme l'avait été monsieur son père.

Les premières vues de M. de Roquelaure n'avaient pas été pour mademoiselle de Laval. La faveur de madame de Maintenon, qu'on voyait augmenter chaque jour, le fit penser à moi ; mais il me demanda inutilement : madame de Maintenon répondit que j'étais un enfant qu'elle ne songerait pas si tôt à établir, et qu'il ferait bien d'épouser mademoiselle de Laval. M. de Roquelaure, surpris de ce discours, ne put s'empêcher de dire : *Pourrais-je l'épouser avec les bruits qui courent? qui m'assurera qu'ils sont sans fondement ?— Moi*, reprit madame de Maintenon ; *je vois les choses de près*, *et je n'ai point d'intérêt à vous tromper.* Il la crut, le mariage se fit, et le public, moins crédule, tint plusieurs discours, et en fit tenir à M. de Roquelaure de peu convenables. On fit aussi des chansons, comme on ne manque jamais d'en faire à Paris sur tous les événemens.

Mademoiselle de Biron n'était pas jeune ; on disait qu'elle avait été belle, mais il n'y paraissait plus. Ne pouvant donc faire usage d'une beauté passée, elle se tourna du côté de l'intrigue, à quoi son esprit était naturellement porté. Elle tira le secret de ses compagnes, se rendit nécessaire à Monseigneur, et obtint par là de la cour de quoi se marier.

Mademoiselle de Gontaut, sa sœur, avait de la beauté, peu d'esprit, mais une si grande douceur et tant d'égalité d'humeur qu'elle s'est toujours fait aimer et honorer de tous ceux qui l'ont connue. Le roi la maria au marquis d'Urfé, qu'il fit menin de Monseigneur.

Mademoiselle de Tonnerre n'était pas

belle, mais bien faite, folle et malheureuse.

M. de Rhodès, grand-maître des cérémonies, encore plus fou qu'elle dans ce temps-là, en devint amoureux, et fit des extravagances si publiques pour elle qu'il la fit chasser de la cour. Madame de Richelieu, par un faux air d'austérité qui devenait à la mode depuis la dévotion du roi, l'emmena à Paris d'une manière peu convenable, et qui ne fut approuvée de personne ; elle la mit dans un carrosse de suite avec des femmes de chambre.

Mademoiselle de Rambures avait le style de la famille des Nogent dont était madame sa mère ; vive, hardie, et avec l'esprit qu'il faut pour plaire aux hommes sans être belle. Elle attaqua le roi et ne lui déplut pas, c'est-à-dire assez pour lui adresser plutôt la parole qu'à une autre. Elle en voulut ensuite à Monseigneur, et elle réussit dans ce dernier projet : madame la dauphine s'en désespéra ; mais elle ne devait s'en prendre qu'à elle-même et à ses façons d'agir.

Mademoiselle de Jarnac, laide et malsaine, ne tiendra pas beaucoup de place dans mes *Souvenirs*. Elle vécut peu et tristement ; elle avait, disait-on, un beau teint pour éclairer sa laideur.

Mademoiselle de Lewestein, depuis madame de Dangeau, entra fille d'honneur à la place de mademoiselle de Laval ; et comme j'aurai souvent occasion de parler d'elle, il est bon de donner ici une légère idée de sa personne et de son caractère. On sait qu'elle est de la maison Palatine. Un de ses ancêtres, pour n'avoir épousé qu'une simple demoiselle, perdit son rang (1), et sa postérité n'a plus été regardée comme des princes souverains ; mais messieurs de Lewestein ont toujours porté le nom et les armes de la maison Palatine, et ont été depuis comtes de l'empire, et alliés aux plus grandes maisons de l'Allemagne.

M. le cardinal de Furstemberg, après une longue et dure prison qu'il s'attira par son

---

(1) Il ne perdit point son rang de prince ; mais ses enfans n'en purent jouir, faute d'un diplôme de l'empereur.

attachement à la France, vint s'y établir, et amena à la cour mademoiselle de Lewestein, sa nièce, celle même dont je parle, dont la beauté, jointe à une taille de nymphe, qu'un ruban couleur de feu qu'elle portait comme les hommes portent le cordon bleu, parce qu'elle était chanoinesse, relevait encore; mais sa sagesse et sa vertu y causèrent une plus juste admiration.

Cependant cette haute naissance; cette figure charmante et une vertu si rare, n'ont trouvé que M. de Dangeau capable d'en connaître le prix. Il était veuf, et n'avait qu'une fille de son premier mariage ; d'ailleurs la charge de chevalier d'honneur de madame la dauphine, qu'il avait achetée de M. le duc de Richelieu, menin de Monseigneur, et un bien considérable, lui donnaient tous les agrémens qu'on peut avoir à la cour. La signature de son contrat de mariage causa d'abord quelques désagrémens à madame sa femme. Madame la dauphine, surprise qu'elle s'appelât comme elle, voulut faire rayer son véritable nom (1) ; Madame entra dans ses sentimens ; mais on leur fit voir si clairement qu'elle était en droit de le porter, que ces princesses n'eurent plus rien à dire ; et même Madame a toujours rendu depuis à madame de Dangeau ce qui était dû à sa naissance et à son mérite, et elle a eu pour elle toute l'amitié dont elle était capable.

Madame la dauphine était non-seulement laide, mais si choquante que Sanguin, envoyé par le roi en Bavière dans le temps qu'on traitait son mariage, ne put s'empêcher de dire au roi au retour : *Sire, sauvez le premier coup-d'œil.* Cependant Monseigneur l'aima, et peut-être n'aurait aimé qu'elle, si la mauvaise humeur et l'ennui qu'elle lui causa ne l'avaient forcé à chercher des consolations et des amusemens ailleurs.

Le roi, par une condescendance dont il se repentit, avait laissé auprès de madame la dauphine une femme de chambre alle-

___
(1) Il y a une petite méprise : M. de Dangeau avait fait énoncer dans le contrat *de Bavière Lewestein*, et on mit *Lewestein de Bavière*.

mande, élevée avec elle, et à peu près du même âge : cette fille, nommée Bessola, sans avoir rien de mauvais, fit beaucoup de mal à sa maîtresse et beaucoup de peine au roi. Elle fut cause que madame la dauphine, par la liberté qu'elle eut de l'entretenir et de parler allemand avec elle, se dégoûta de toute autre conversation, et ne s'accoutuma jamais à ce pays-ci. Peut-être que les bonnes qualités de cette princesse y contribuèrent : ennemie de la médisance et de la moquerie, elle ne pouvait supporter ni comprendre la raillerie et la malignité du style de la cour, d'autant moins qu'elle n'en entendait pas les finesses. En effet, j'ai vu les étrangers, ceux même dont l'esprit paraissait le plus tourné aux manières françaises ; quelquefois déconcertés par notre ironie continuelle ; et madame la dauphine de Savoie, que nous avions eue enfant, n'a jamais pu s'y accoutumer : elle disait assez souvent à madame de Maintenon, qu'elle appelait sa tante par un badinage plein d'amitié : *Ma tante, on se moque de tout ici.*

Enfin les bonnes et les mauvaises qualités de madame la dauphine de Bavière, mais surtout son attachement pour Bessola, lui donnèrent un goût pour la retraite peu convenable aux premiers rangs. Le roi fit de vains efforts pour l'en retirer. Il lui proposa de marier cette fille à un homme de qualité, afin qu'elle pût être comme les autres dames, manger avec elle quand l'occasion se présenterait, et la suivre dans ses carrosses ; mais la dauphine, par une délicatesse ridicule, répondit qu'elle ne pouvait y consentir, parce que le cœur de Bessola serait partagé.

Cependant le roi, soutenu des conseils de madame de Maintenon, et porté par lui-même à n'être plus renfermé comme il l'avait été avec ses maîtresses, ne se rebuta pas ; il crut, à force de bons traitemens, par le tour galant et noble dont il accompagnait ses bontés, ramener l'esprit de madame la dauphine, et l'obliger à tenir une cour. Je me souviens d'avoir ouï raconter, et de l'avoir encore vu, qu'il allait quelquefois chez elle, suivi de ce qu'il y avait de plus rare en bijoux et en étoffes, dont elle prenait ce qu'elle voulait ; le reste composait plusieurs lots que les filles d'honneur et les dames qui se trouvaient présentes tiraient au sort, ou bien elles avaient l'honneur de les jouer avec elle, et même avec le roi. Pendant que le hoca fut à la mode, et avant que le roi, par sa sagesse, eût défendu un jeu aussi dangereux, il le tenait chez madame la dauphine ; mais il payait, quand il perdait, autant de louis que les particuliers mettaient de petites pièces.

Des façons d'agir si aimables, et dont toute autre belle-fille aurait été enchantée, furent inutiles pour madame la dauphine, et elle y répondit si mal que le roi, rebuté, la laissa dans la solitude où elle voulait être, et toute la cour l'abandonna avec lui.

Elle passait sa vie renfermée dans de petits cabinets derrière son appartement, sans vue et sans air ; ce qui, joint à son humeur naturellement mélancolique, lui donna des vapeurs. Ces vapeurs, prises pour des maladies effectives, lui firent faire des remèdes violens; et enfin ces remèdes, beaucoup plus que ses maux, lui causèrent la mort, après qu'elle nous eut donné trois princes (1). Elle mourut, persuadée que sa dernière couche lui avait donné la mort; et elle dit, en donnant sa bénédiction à M. le duc de Berri:

Ah! mon fils, que tes jours coûtent cher à ta mère!
Androm. de RACINE.

Il est aisé de comprendre qu'un jeune prince, tel qu'était Monseigneur alors, avait dû s'ennuyer infiniment entre madame sa femme et la Bessola, d'autant plus qu'elles se parlaient toujours allemand, langue qu'il n'entendait pas, sans faire aucune attention à lui. Il résista cependant par l'amitié qu'il avait pour madame la dauphine; mais poussé à bout, il chercha à s'amuser chez madame

---

(1) La dauphine de Bavière ne manquait ni de goût, ni de sensibilité; mais sa santé toujours mauvaise la rendait incapable de société. On lui contestait ses maux; elle disait: *Il faudra que je meure pour me justifier.* Et ses maux empiraient par le chagrin d'être laide dans une cour où la beauté était nécessaire.

la princesse de Conti, fille du roi et de madame de la Vallière. Il y trouva d'abord de la complaisance et du plaisir parmi la jeunesse qui l'environnait : ainsi il laissa madame le dauphine jouir paisiblement de la conversation de son Allemande. Elle s'en affligea quand elle vit le mal sans remède, et s'en prit mal à propos à madame la princesse de Conti. Son aigreur pour elle, et les plaintes qu'elle fit souvent à Monseigneur ne produisirent que de mauvais effets. Si nos princes sont doux, ils sont opiniâtres ; et, s'ils échappent une fois, leur fuite est sans retour. Madame de Maintenon l'avait prévu, et en avait averti inutilement madame la dauphine.

Monseigneur ainsi rebuté ne se contenta pas d'aller, comme je l'ai dit, chez madame la princesse de Conti ; il s'amusa aussi avec les filles d'honneur de madame la dauphine, et devint amoureux de mademoiselle de Rambures ; mais le roi, instruit par sa propre expérience, et voulant prévenir les désordres que l'amour et l'exemple de Monseigneur causeraient infailliblement dans la chambre des filles, prit la résolution de la marier. Plusieurs partis se présentèrent, dont elle ne voulut point. M. de Polignac fut le seul avec lequel elle crut ne pas perdre sa liberté : c'était le seul aussi que le roi ne voulait pas, à cause de madame la vicomtesse de Polignac, sa mère, qu'il avait trouvée mêlée dans les affaires de madame la comtesse de Soissons, et qu'il avait exilée dans le même temps. Le refus du roi ne rebuta pas mademoiselle de Rambures : elle l'assura qu'elle savait mieux que lui ce qu'il lui fallait, et qu'en un mot M. de Polignac lui convenait. Le roi, piqué, répondit qu'elle était la maîtresse de se marier à qui elle voudrait, mais qu'elle ne devait pas compter, en épousant malgré lui M. de Polignac, de vivre à la cour. Elle tint bon, se maria, et vint à Paris. Je laisse à juger si M. de Polignac a justifié le discernement de sa première femme.

Il est, je crois, à propos de parler présentement de madame la princesse de Conti, fille du roi, de cette princesse belle comme madame de Fontanges, agréable comme sa mère, avec la taille et l'air du roi son père, et auprès de laquelle les plus belles et les mieux faites n'étaient pas regardées. Il ne faut pas s'étonner que le bruit de sa beauté se soit répandu jusqu'à Maroc, où son portrait fut porté (1). Cependant le plus grand éclat de madame la princesse de Conti n'a duré que jusqu'à sa petite-vérole, qu'elle eut à dix-sept ou dix-huit ans; elle lui prit à Fontainebleau, et elle la donna à monsieur son mari, qui en mourut dans le temps qu'on le croyait hors d'affaire, et qu'il le croyait si bien lui-même qu'il expira en ba-

―――――

(1) Cela est très-vrai : l'ambassadeur de Maroc, en recevant le portrait du roi, demanda celui de la princesse sa fille. Comme elle eut le malheur d'essuyer beaucoup d'infidélités de ses amans, Périgny fit un couplet pour elle :

Pourquoi refusez-vous l'hommage glorieux
D'un roi qui vous attend, et qui vous croira belle ?
  Puisque l'hymen, à Maroc vous appelle,
    Partez : c'est peut-être en ces lieux
  Qu'il vous garde un amant fidèle.

dinant avec madame sa femme et ses amis.

On ne peut nier que la coquetterie de madame la princesse de Conti ne fût extrême. Son esprit est médiocre, et son humeur capable de gâter d'excellentes qualités qui sont réellement en elle. Elle est bonne amie, généreuse, et a rendu de grands services aux personnes pour lesquelles elle a eu de la bonté; mais plusieurs se sont crues dispensées d'en conserver de la reconnaissance par cette humeur qui les leur faisait trop acheter. Il faut excepter de ce nombre les princesses de Lorraine, mademoiselle de Lillebonne, et mademoiselle de Commerci: j'ai vu de trop près la fidélité de leur attachement, et la persévérance inébranlable de leur reconnaissance.

Je ne sais si l'humeur de madame la princesse de Conti contribuait à révolter les conquêtes que sa beauté lui faisait faire, ou par quelle fatalité elle eut aussi peu d'amans fidèles que d'amis reconnaissans; mais il est certain qu'elle n'en conserva pas, et ce qui se passa entre elle et mademoiselle Chouin est aussi humiliant que singulier.

Mademoiselle Chouin était une fille à elle, d'une laideur à se faire remarquer, d'un esprit propre à briller dans une antichambre, et capable seulement de faire le récit des choses qu'elle avait vues. C'est par ces récits qu'elle plut à sa maîtresse, et ce qui lui attira sa confiance. Cependant cette même mademoiselle Chouin enleva à la plus belle princesse du monde le cœur de M. de Clermont-Chat, en ce temps-là officier des gardes.

Il est vrai qu'ils pensaient à s'épouser ; et sans doute qu'ils avaient compté, par la suite des temps, non-seulement d'y faire consentir madame la princesse de Conti, mais d'obtenir par elle et par Monseigneur des grâces de la cour dont ils auraient eu grand besoin. L'imprudence d'un courrier, pendant une campagne, déconcerta leurs projets, et découvrit à madame la princesse de Conti, de la plus cruelle manière, qu'elle était trompée par son amant et par sa favorite. Le courrier de M. de Luxembourg remit à M. de Barbezieux toutes les lettres qu'il avait; ce ministre se chargea de les faire rendre, mais il porta le paquet au roi : on peut aisément juger de l'effet qu'il produisit, et de la douleur de madame la princesse de Conti. Mademoiselle Chouin fut chassée, M. de Clermont exilé, et on lui ôta son bâton d'exempt.

Nous retrouverons ailleurs mademoiselle Chouin, et on la verra jouer par la suite un meilleur et plus grand rôle.

Madame la princesse de Conti donna l'exemple aux autres filles naturelles du roi d'épouser des princes du sang. Madame de Montespan, persuadée que le mariage de la fille de madame de La Vallière serait le modèle et le premier degré de l'élévation de ses propres enfans, contribua à celui-ci de tous ses soins. Le grand Condé, de son côté, ce héros incomparable, regarda cette alliance comme un avantage considérable pour sa maison. Il crut effacer par là l'impression que le souvenir du passé aurait laissé de désavantageux contre lui dans l'esprit du roi. Monsieur le Prince son fils, encore plus attaché à la cour, n'oublia rien pour témoigner sa joie; et il marqua dans cette occasion, comme dans toutes les autres de sa vie, le zèle et la bassesse d'un courtisan qui voudrait faire sa fortune. J'oserai même assurer, et par ce que j'ai vu, et par ce que j'ai appris de gens bien informés, que le roi n'aurait jamais pensé à élever si haut ses bâtards, sans les empressemens que ces deux princes de Condé avaient témoignés pour s'unir à lui par ces sortes de mariages.

Messieurs les princes de Conti avaient été élevés avec monseigneur le dauphin, et, dans les premières années de leur vie, par une mère d'une vertu exemplaire. Ils avaient tous deux de l'esprit, et étaient fort instruits ; mais le gendre du roi, gauche dans toutes ses actions, n'était goûté de personne, par l'envie qu'il eut toujours de paraître ce qu'il n'était pas. Le second, avec toutes les connaissances et l'esprit qu'on peut avoir, n'en montrait qu'autant qu'il convenait à ceux à qui il parlait : simple et naturel, profond et solide, frivole même quand il fallait le paraître, il plaisait à tout le monde ; et comme il passait pour être un peu vicieux, on disait de lui ce qu'on a dit de César.

M. le prince de Conti l'aîné, pour faire l'homme dégagé, et montrer qu'il n'avait pas la faiblesse d'être jaloux, amenait chez madame sa femme les jeunes gens de la cour les plus éveillés et les mieux faits. Cette conduite, comme on peut le croire, fournit une ample matière à des histoires dont je ne parlerai que quand l'occasion s'en présentera, et lorsque je les croirai propres à éclaircir les faits que j'aurai à raconter.

Je vais présentement parler de la mort de la reine Marie-Thérèse d'Autriche. Elle mourut en peu de jours (1), d'une maladie qu'on ne crut pas d'abord considérable ; mais une saignée, faite mal à propos, fit

(1) Le 30 juillet 1683.

rentrer l'humeur d'un clou, dont à peine s'était-on aperçu. Cette princesse perdit la vie dans le temps que les années et la piété du roi la lui rendaient heureuse. Il avait pour elle des attentions auxquelles elle n'était pas accoutumée : il la voyait plus souvent, et cherchait à l'amuser; et comme elle attribuait cet heureux changement à madame de Maintenon, elle l'aima et lui donna toutes les marques de considération qu'elle pouvait imaginer. Je me souviens même qu'elle me faisait l'honneur de me caresser toutes les fois que j'avais celui de paraître devant elle; mais cette pauvre princesse avait tant de crainte du roi, et une si grande timidité naturelle, qu'elle n'osait lui parler ni s'exposer au tête-à-tête avec lui.

J'ai ouï dire à madame de Maintenon qu'un jour le roi ayant envoyé chercher la reine, la reine, pour ne pas paraître seule en sa présence, voulut qu'elle la suivît; mais elle ne fit que la conduire jusqu'à la porte de la chambre, où elle prit la liberté de la pousser pour la faire entrer, et remarqua un si grand tremblement dans toute sa personne, que ses mains même tremblaient de timidité.

C'était un effet de la passion vive qu'elle avait toujours eue pour le roi son mari, et que les maîtresses avaient rendue si long-temps malheureuse. Il fallait aussi que le confesseur de cette princesse n'eût point d'esprit et ne fût qu'un cagot, ignorant des véritables devoirs de chaque état. J'en juge par une lettre de madame de Maintenon à l'abbé Gobelin, où elle lui dit : « Je suis
» ravie que le monde loue ce que fait le roi.
» Si la reine avait un directeur comme vous,
» il n'y aurait pas de bien qu'on ne dût at-
» tendre de l'union de la famille royale ;
» mais on eut toutes les peines du monde,
» sur le *médianoche*, à persuader son con-
» fesseur, qui la conduit par un chemin
» plus propre, selon moi, à une carmelite
» qu'à une reine. »

Enfin, soit par la faute du confesseur, soit par la timidité de la reine, ou par la violence, comme je l'ai dit, d'une passion si long-temps malheureuse, il faut avouer qu'elle n'avait rien en elle de ce qui pouvait la faire aimer, et qu'au contraire le roi avait en lui toutes les qualités les plus propres à plaire, sans être capable d'aimer beaucoup. Presque toutes les femmes lui avaient plu (1), excepté la sienne, dont il exerçait la vertu pas ses galanteries : car d'ailleurs le roi n'a jamais manqué à la considération qu'il devait à la reine, et a toujours eu pour elle des égards qui l'auraient rendue heureuse si quelque chose avait pu la dédommager de la perte d'un cœur qu'elle croyait lui être dû.

Entre toutes les maîtresses du roi, madame de Montespan est celle qui fit le plus de peine à la reine, tant par la durée de cette passion et le peu de ménagement qu'elle eut pour elle, que par les anciennes bontés de cette princesse. Madame de Montespan avait été dame du palais par le crédit de Monsieur, et elle fut quelque temps à la cour sans que le roi fît attention ni à sa

---

(1) Et réciproquement.

beauté, ni aux agrémens de son esprit. Sa faveur se bornait à la reine, qu'elle divertissait à son coucher pendant qu'elle attendait le roi : car il est bon de remarquer que la reine ne se couchait jamais, à quelle heure que ce fût, qu'il ne fût rentré chez elle; et, malgré tant de galanteries, le roi n'a jamais découché d'avec la reine.

Elle aimait alors madame de Montespan, parce qu'elle la regardait comme une honnête femme attachée à ses devoirs et à son mari. Ainsi sa surprise fut égale à sa douleur, quand elle la trouva, dans la suite, si différente de l'idée qu'elle en avait eue. Le chagrin de la reine ne fut pas adouci par la conduite et les procédés de madame de Montespan, d'autant plus que ceux de M. de Montespan obligèrent le roi, pour retenir sa maîtresse à la cour et pour lui donner des distinctions sans qu'elle les partageât avec lui, de la faire surintendante de la maison de la reine.

Je sais peu le détail de ce qui se passa alors au sujet de M. de Montespan; tout ce que j'en puis dire, c'est qu'on le regardait comme un malhonnête homme et un fou. Il n'avait tenu qu'à lui d'emmener sa femme ; et le roi, quelque amoureux qu'il fût, aurait été incapable dans les commencemens d'employer son autorité contre celle d'un mari. Mais M. de Montespan, bien loin d'user de la sienne, ne songea d'abord qu'à profiter de l'occasion pour son intérêt et sa fortune ; et ce qu'il fit ensuite ne fut que par dépit de ce qu'on ne lui accordait pas ce qu'il voulait. Le roi se piqua à son tour ; et, pour empêcher madame de Montespan d'être exposée à ses caprices, il la fit surintendante de la maison de la reine, laissant faire en province à ce misérable Gascon toutes ses extravagances.

J'ai trouvé, dans les lettres de madame de Maintenon à l'abbé Gobelin qu'il y avait eu une séparation en forme au Châtelet de Paris entre M. et madame de Montespan. Madame de Maintenon en parle, par rapport à la sûreté d'une fondation que madame de Montespan voulait faire aux Hospitalières.

On voit encore par là qu'elle a dans tous les temps été occupée de bonnes œuvres.

La mort de la reine ne donna à la cour qu'un spectacle touchant. Le roi fut plus attendri qu'affligé ; mais comme l'attendrissement produit d'abord les mêmes effets, et que tout paraît considérable dans les grands, la cour fut en peine de sa douleur. Celle de madame de Maintenon, que je voyais de près, me parut sincère, et fondée sur l'estime et la reconnaissance. Je ne dirai pas la même chose des larmes de madame de Montespan, que je me souviens d'avoir vue entrer chez madame de Maintenon sans que je puisse dire pourquoi ni comment. Tout ce que je sais, c'est qu'elle pleurait beaucoup, et qu'il paraissait un trouble dans toutes ses actions, fondé sur celui de son esprit, et peut-être sur la crainte de retomber entre les mains de monsieur son mari.

La reine expirée, madame de Maintenon voulut revenir chez elle ; mais M. de La Rochefoucauld la prit par le bras, et la poussa chez le roi, en lui disant : *Ce n'est pas le temps de quitter le roi ; il a besoin de vous.* Ce mouvement ne pouvait être dans M. de La Rochefoucauld qu'un effet de son zèle et de son attachement pour son maître, où l'intérêt de madame de Maintenon n'avait assurément point de part. Elle ne fut qu'un moment avec le roi, et revint aussitôt dans son appartement, conduite par M. de Louvois, qui l'exhortait d'aller chez madame la dauphine, pour l'empêcher de suivre le roi à Saint-Cloud, et lui persuader de garder le lit, parce qu'elle était grosse et qu'elle avait été saignée. *Le roi n'a pas besoin,* disait M. de Louvois, *de ces démonstrations d'amitié, et l'état a besoin d'un prince.*

Le roi alla à Saint-Cloud, où il demeura depuis le vendredi que la reine mourut jusqu'au lundi, qu'il en partit pour aller à Fontainebleau; et le temps où madame la dauphine était obligée de garder le lit pour sa grossesse se trouvant expiré, elle alla joindre le roi, et fit le voyage avec lui. Madame de Maintenon la suivait, et parut aux yeux du roi dans un si grand deuil, avec un air si affligé, que lui, dont la douleur était passée ; ne put s'empêcher de lui en faire quelques plaisanteries ; à quoi je ne jurerais pas qu'elle ne répondit en elle-même, comme le maréchal de Grammont à madame Hérault (1).

Pendant le voyage de Fontainebleau, dont je parle, la faveur de madame de Maintenon parvint au plus haut degré. Elle changea le plan de sa vie ; et je crois qu'elle eut pour principale règle de faire le contraire de ce qu'elle avait vu chez madame de Montespan.

Mesdames de Chevreuse et de Beauvilliers, avec lesquelles elle se lia d'une étroite

---

(1) Madame Hérault avait soin de la ménagerie, et, dans son espèce, était bien à la cour. Elle perdit son mari ; et le maréchal de Grammont, toujours courtisan, prit un air triste pour lui témoigner la part qu'il prenait à sa douleur ; mais comme elle répondit à son compliment : *Hélas ! le pauvre homme a bien fait de mourir !* le maréchal répliqua : *Le prenez-vous par là, madame Hérault ? ma foi, je ne m'en soucie pas plus que vous.* Cette réponse a passé depuis en proverbe à la cour.

amitié, avaient le mérite auprès d'elle de n'avoir jamais fait leur cour à madame de Montespan, malgré l'alliance que M. Colbert leur père avait faite de sa troisième fille avec le duc de Mortemart son neveu. Ce mariage coûta au roi quatorze cent mille livres ; huit cent mille livres pour les dettes de la maison de Mortemart, et six cent mille pour la dot de mademoiselle Colbert. Cependant, ni cette alliance, ni le goût que ces dames avaient naturellement pour la cour, ne purent les déterminer à faire la leur à madame de Montespan. Elles crurent que madame de Maintenon leur ouvrait une porte honnête pour se rapprocher du roi, et elles en profitèrent avec une joie d'autant plus grande qu'elles s'en voyaient plus éloignées par la mort de la reine, dont elles étaient dames du palais. Cette liaison devint intime en peu de temps, et dura jusqu'à la disgrâce de M. de Cambrai ; mais je réserve à parler ailleurs, et de cette disgrâce, et de la faveur de M. de Cambrai, auquel ces dames furent si attachées.

Si mesdames de Chevreuse et de Beauvilliers recherchèrent l'amitié de madame de Maintenon, elle ne fut pas fâchée, de son côté, de faire voir au roi, par leur empressement, la différence que des personnes de mérite mettaient entre madame de Montespan et elle.

A ces dames se joignirent madame de Montchevreuil, madame la princesse d'Harcourt, et madame la comtesse de Grammont. M. de Brancas, chevalier d'honneur de la reine, fameux par ses distractions, et ami intime de madame de Maintenon, était le père de madame la princesse d'Harcourt, que madame de Maintenon avait mariée, et à laquelle elle s'est toujours intéressée par ces raisons nécessaires à dire pour la justifier d'une amitié qu'on lui a toujours reprochée; à quoi il faut ajouter que madame de Maintenon n'a jamais su les histoires qu'on en a faites, et qu'elle n'a vu dans madame la princesse d'Harcourt que ses malheurs domestiques et sa piété apparente.

Madame la comtesse de Grammont (1) avait pour elle le goût et l'habitude du roi; car madame de Maintenon la trouvait plus agréable qu'aimable. Il faut avouer aussi qu'elle était souvent Anglaise insupportable, quelquefois flatteuse, dénigrante, hautaine et rampante (2); enfin, malgré les apparences, il n'y avait de stable en elle que sa mine, que rien ne pouvait abaisser, quoiqu'elle se piquât de fermeté dans ses sentimens, et de constance dans ses amitiés. Il est vrai aussi qu'elle faisait toujours paraître beaucoup d'esprit dans les différentes formes que son humeur et ses desseins lui faisaient prendre. Madame de Maintenon joignait à l'envie de plaire au roi, en attirant chez elle madame la comtesse de Grammont, le motif de la soutenir dans la piété, et d'aider autant qu'il lui était possible une conversion fondée sur celle de Ducharmel. C'é-

(1) C'était une Hamilton, que ses frères avaient obligé le comte de Grammont à épouser malgré lui.
(2) Caractère qui n'est pas extraordinaire en Angleterre.

tait un gentilhomme lorrain connu à la cour par le gros jeu qu'il jouait : il était riche et heureux, ainsi il faisait beaucoup de dépense, et était à la mode à la cour; mais il la quitta brusquement, et se retira à l'Institution, sur une vision (1) qu'il crut avoir eue; et la même grâce, par un contre-coup heureux, toucha aussi madame la comtesse de Grammont. Peut-être que l'inégalité qu'elle a fait paraître dans sa conduite, et dont j'ai été témoin, était fondée sur le combat qui se passait continuellement en elle entre sa raison et ses inclinations; car il faut avouer qu'elle n'avait rien qui tendît à la piété.

Je crois qu'il n'est pas hors de propos de parler ici de madame d'Heudicourt, quoiqu'elle ne fût pas encore revenue à la cour dans ce temps dont je parle; elle y revint

---

(1) C'était un fat à prétendues bonnes fortunes, et de l'esprit le plus mince. La fameuse princesse Palatine, qui passait pour avoir un esprit si solide, avait eu une pareille vision : elle avait cru entendre parler une poule, et Bossuet en fait mention dans son oraison funèbre.

peu après. Comme elle est une des plus singulières personnes que j'y aie vues, et qu'une infinité de circonstances la rappelleront souvent à ma mémoire, il est bon de la faire connaître.

Madame d'Heudicourt était cette même mademoiselle de Pons, parente du maréchal d'Albret, et dont la chronique scandaleuse prétend qu'il avait été amoureux (1); amie de madame de Maintenon, et de madame de Montespan jusqu'à sa disgrâce. Il est certain que sa fortune ne répondait pas à sa naissance, et qu'elle n'aurait pu venir en ce pays-ci sans le maréchal d'Albret, ni avec bienséance sans madame sa femme, à laquelle il était aisé d'en faire accroire. Elle parut donc à la cour avec elle ; et elle ne put y paraître sans que sa beauté et ses agrémens y fissent du bruit. Le roi ne la vit pas avec indifférence, et balança même quelque temps entre madame de La Vallière et elle : mais les amies de madame la ma-

___
(1) Le maréchal d'Albret avait eu aussi beaucoup de goût pour madame Scarron.

réchale d'Albret, poussées peut-être par le maréchal, lui représentèrent qu'il ne fallait pas laisser plus long-temps cette jeune personne à la cour où elle était sur le point de se perdre à ses yeux, et qu'elle en partagerait la honte, puisque c'était elle qui l'y avait amenée. Sur ces remontrances, la maréchale la ramena brusquement à Paris, sous le prétexte d'une maladie supposée du maréchal d'Albret.

Madame d'Heudicourt n'était pas mauvaise à entendre sur cette circonstance de sa vie, surtout quand elle en parlait au roi même; scène dont j'ai été quelquefois le témoin. Elle ne lui cachait pas combien sa douleur fut grande, quand elle trouva le maréchal d'Albret en bonne santé, et qu'elle reconnut le sujet pour lequel on avait supposé cette maladie. Ce fut en vain qu'elle retourna, après le voyage de Fontainebleau, à la cour; la place était prise par madame de La Vallière.

Madame d'Heudicourt, vieille fille, sans bien, quoique avec une grande naissance, se trouva heureuse d'épouser le marquis d'Heudicourt ; et madame de Maintenon, son amie (1), y contribua de tous ses soins. Amie aussi de madame de Montespan, elle vécut avec elle à la cour jusqu'à sa disgrâce, dont je ne puis raconter les circonstances, parce que je ne les sais que confusément. Je sais seulement qu'elle roulait sur des lettres de galanterie écrites à M. de Béthune, ambassadeur en Pologne, homme aimable et de bonne compagnie ; car, quoique je ne l'aie jamais vu, je m'imagine le connaître parfaitement à force d'en avoir entendu parler à ses amis, lesquels se sont presque tous trouvés des miens (2).

Sans doute qu'il y avait plus que de la galanterie dans les lettres de madame d'Heudicourt à M. de Béthune ; et il n'y a pas d'apparence que le roi et madame de Montespan eussent été si sévères sur leur découverte d'une intrigue où il n'y aurait eu que

---

(1) Alors madame Scarron.
(2) C'était un homme d'un génie supérieur, très-voluptueux et très-amusant.

de l'amour. Selon toutes les apparences, madame d'Heudicourt rendait compte de ce qui se passait de plus particulier à la cour. Je sais encore que madame de Maintenon dit au roi que pour cesser de voir, et pour abandonner son amie, il fallait qu'on lui fît voir ses torts d'une manière convaincante. On lui montra ces lettres dont je parle, et elle cessa alors de la voir. Madame d'Heudicourt partit après pour s'en aller à Heudicourt, où elle a demeuré plusieurs années, et où le chagrin la rendit si malade qu'elle fut plusieurs fois à l'extrémité. Une chose bien particulière qui lui arriva dans une de ses maladies, c'est qu'elle se démit le pied dans son lit; et, comme on ne s'en aperçut pas, elle demeura boiteuse; et cette femme, si droite et si délibérée, ne pouvait plus marcher quand elle revint à la cour.

Je ne l'ai vue qu'à son retour, si changée qu'on ne pouvait pas imaginer qu'elle eût été belle. Elle y fut quelque temps sans voir madame de Maintenon; mais elle m'envoyait assez souvent chez elle, parce que j'avais l'honneur d'être sa parente : elle me témoignait mille amitiés.

Insensiblement tout s'efface. Le roi rendit à madame de Maintenon la parole qu'elle lui avait donnée de ne jamais voir madame d'Heudicourt ; et elle la vit à la fin avec autant d'intimité que si elles n'avaient jamais été séparées. Pour moi, je trouvais madame de Maintenon heureuse d'être en commerce avec une personne d'aussi bonne compagnie, naturelle, d'une imagination si vive et si singulière, qu'elle trouvait toujours moyen d'amuser et de plaire. Cependant, en divertissant madame de Maintenon, elle ne s'attirait pas son estime, puisque je l'ai souvent entendu dire : *Je ris des choses que dit madame d'Heudicourt, il m'est impossible de résister à ses plaisanteries ; mais je ne me souviens pas de lui avoir jamais rien entendu dire que je voulusse avoir dit.*

Je n'ai rien à ajouter à ce que j'ai déjà dit de madame de Montchevreuil, si ce n'est qu'elle fut la confidente des choses particulières qui se passèrent après la mort de la reine, et qu'elle seule en eut le secret.

Pendant le voyage de Fontainebleau qui suivit la mort de la reine, je vis tant d'agitation dans l'esprit de madame de Maintenon, que j'ai jugé depuis, en la rappelant à ma mémoire, qu'elle était causée par une incertitude violente de son état, de ses pensées, de ses craintes et de ses espérances ; en un mot, son cœur n'était pas libre, et son esprit fort agité. Pour cacher ses divers mouvemens, et pour justifier les larmes que son domestique et moi lui voyions quelquefois répandre, elle se plaignait de vapeurs, et elle allait, disait-elle, chercher à respirer dans la forêt de Fontainebleau avec la seule madame de Montchevreuil ; elle y allait même quelquefois à des heures indues. Enfin les vapeurs passèrent, le calme succéda à l'agitation, et ce fut à la fin de ce même voyage.

Je me garderai bien de pénétrer un mystère (1) respectable pour moi par tant de raisons : je nommerai seulement ceux qui vraisemblablement ont été dans le secret. Ce sont M. de Harlay, en ce temps-là archevêque de Paris ; M. et madame de Montchevreuil, Bontems, et une femme de chambre de madame de Maintenon, fille aussi capable que qui que ce soit de garder un secret, et dont les sentimens étaient fort au-dessus de son état.

J'ai vu, depuis la mort de madame de Maintenon, des lettres d'elle, gardées à Saint-Cyr, qu'elle écrivait à ce même abbé Gobelin que j'ai déjà cité. Dans les premières, on voit une femme dégoûtée de la cour, et qui ne cherche qu'une occasion honnête de la quitter ; dans les autres, qui sont écrites après la mort de la reine, cette même femme ne délibère plus, le devoir est pour elle marqué et indispensable d'y demeurer ; et, dans ces temps différens, la piété est toujours la même.

(1) Ce n'est plus un mystère.

C'est dans ce même temps que madame de Maintenon s'amusa à former insensiblement et par degrés la maison royale de Saint-Louis; mais il est bon, je crois, d'en raconter l'histoire en détail.

Madame de Maintenon avait un goût et un talent particuliers pour l'éducation de la jeunesse. L'élévation de ses sentimens, et la pauvreté où elle s'était vue réduite, lui inspiraient surtout une grande pitié pour la pauvre noblesse; en sorte qu'entre tous les biens qu'elle a pu faire dans sa faveur, elle a préféré les gentilshommes aux autres; et je l'ai vue toujours choquée de ce que, excepté certains grands noms, on confondait trop à la cour la noblesse avec la bourgeoisie.

Elle connut, à Montchevreuil, une ursuline dont le couvent avait été ruiné, et qui peut-être n'en avait pas été fâchée : car je crois que cette fille n'avait pas une grande vocation. Quoi qu'il en soit, elle fit tant de pitié à madame de Maintenon qu'elle s'en souvint dans sa fortune, et loua pour elle une maison. On lui donna des pensionnaires, dont le nombre augmenta à proportion de ses revenus. Trois autres religieuses se joignirent à madame de Brinon (car c'est le nom de cette fille dont je parle), et cette communauté s'établit d'abord à Montmorenci, ensuite à Ruel ; mais le roi ayant quitté Saint-Germain pour Versailles, et agrandi son parc, plusieurs maisons s'y trouvèrent renfermées, entre lesquelles était Noisy-le-Sec. Madame de Maintenon le demanda au roi pour y mettre madame de Brinon avec sa communauté. C'est là qu'elle eut la pensée de l'établissement de Saint-Cyr ; elle la communiqua au roi, et, bien loin de trouver en lui de la contradiction, il s'y porta avec une ardeur digne de la grandeur de son âme. Cet édifice, superbe par l'étendue des bâtimens, fut élevé en moins d'une année, et en état de recevoir deux cent cinquante demoiselles, trente-six dames pour les gouverner, et tout ce qu'il faut pour servir une communauté aussi nombreuse. Si je dis des dames et non des religieuses, en parlant de celles qui devaient être à la tête de cette maison, c'est que la première idée avait été d'en faire des espèces de chanoinesses qui n'auraient pas fait de vœux solennels, mais comme on y trouva des inconvéniens, il fut résolu, quelque temps après la translation de Noisy à Saint-Cyr, d'en faire de véritables religieuses; on leur donna des constitutions, et l'on fit un mélange de l'ordre des Ursulines avec celui des filles de Sainte-Marie.

On sait que, pour entrer à Saint-Cyr, il faut faire également preuve de noblesse et de pauvreté; et s'il s'y glisse quelquefois des abus dans un de ces deux points, ce n'est ni la faute des fondateurs, ni celle des dames religieuses de cette maison. Le généalogiste du roi fait les preuves de la noblesse; l'évêque et l'intendant de la province certifient la pauvreté: si donc ils se laissent tromper, ou qu'ils le veuillent bien être, c'est que tout est corruptible, et que la prévoyance humaine ne peut empêcher les abus qui se glisseront toujours dans les établissemens les plus solides et les plus parfaits.

Les louanges qu'on donnerait à celui-ci seraient faibles et inutiles ; il parlera, autant qu'il durera, infiniment mieux à l'avantage de ses fondateurs qu'on ne pourrait faire par tous les éloges ; et il fera toujours désirer que les rois, successeurs de Louis XIV, soient non-seulement dans la volonté de maintenir un établissement si nécessaire à la noblesse, mais de le multiplier, s'il est possible, quand une longue et heureuse paix le leur permettra.

Quel avantage n'est-ce point pour une famille aussi pauvre que noble, et pour un vieux militaire criblé de coups, après s'être ruiné dans le service, de voir revenir chez lui une fille bien élevée, sans qu'il lui en ait rien coûté pendant treize années qu'elle a pu demeurer à Saint-Cyr, apportant même encore un millier d'écus, qui contribuent à la marier ou à la faire vivre en province ? Mais ce n'est là que le moindre objet de cet établissement : celui de l'éducation que cette demoiselle a reçue, et qu'elle répand ensuite dans une famille nombreuse, est vraiment digne des vues, des sentimens et de l'esprit de madame de Maintenon.

Madame de Brinon présida, dans les premiers temps de cet établissement, à tous les réglemens qui furent faits, et l'on croyait qu'elle était nécessaire pour les maintenir. Mais, comme elle en était encore plus persuadée que les autres, elle se laissa si fort emporter par son caractère naturellement impérieux, que madame de Maintenon se repentit de s'être donné à elle-même une supérieure aussi hautaine. Elle renvoya donc cette fille dans le temps qu'on la croyait au comble de la faveur ; car les gens de la cour, qui la regardaient comme une seconde favorite, la ménageaient, lui écrivaient et la venaient quelquefois voir ; chose qui ne plut pas encore à madame de Maintenon. Enfin, pendant un voyage de Fontainebleau, elle eut ordre de sortir de Saint-Cyr, et d'aller dans tel autre lieu qu'il lui conviendrait, avec une pension honnête.

De tous les gens qui la connaissaient, qui lui faisaient la cour auparavant, et à qui elle avait fait plaisir, il ne se trouva que madame la duchesse de Brunswick qui la voulut bien recevoir. Elle la garda chez elle jusqu'à ce qu'elle eût écrit à madame sa tante, princesse palatine, en ce temps là abbesse de Montbuisson, qui voulut bien la recevoir. Madame la duchesse de Brunswick lui fit l'honneur de l'y mener elle-même; et elle fut non-seulement bien reçue, mais bien traitée jusqu'au dernier moment de sa vie.

Madame de Maintenon, qui a toujours estimé et respecté madame la duchesse de Brunswick, respectable par tant d'autres endroits, lui sut le meilleur gré du monde de son procédé en cette occasion.

Madame de Brinon aimait les vers et la comédie; et, au défaut des pièces de Corneille et de Racine qu'elle n'osait faire jouer, elle en composait de détestables à la vérité, mais c'est cependant à elle, et à son goût pour le théâtre, qu'on doit les deux belles pièces que Racine a faites pour Saint-Cyr. Madame de Brinon avait de l'esprit, et une facilité incroyable d'écrire et de parler; car elle faisait aussi des espèces de sermons fort éloquens, et, tous les dimanches après la messe, elle expliquait l'Evangile comme aurait pu faire M. Le Tourneur.

Mais je reviens à l'origine de la tragédie dans Saint-Cyr. Madame de Maintenon voulut voir une des pièces de madame de Brinon : elle la trouva telle qu'elle était, c'est-à-dire si mauvaise qu'elle la pria de n'en plus faire jouer de semblables, et de prendre plutôt quelques belles pièces de Corneille ou de Racine, choisissant seulement celles où il y aurait moins d'amour. Ces petites filles représentèrent *Cinna* assez passablement pour des enfans qui n'avaient été formées au théâtre que par une vieille religieuse. Elles jouèrent ensuite *Andromaque;* et, soit que les actrices en fussent mieux choisies, ou qu'elles commençassent à prendre des airs de la cour, dont elles ne laissaient pas de voir de temps en temps ce qu'il y avait de meilleur, cette pièce ne fut que trop bien représentée, au gré de madame de Maintenon : et elle lui fit appréhender que cet amusement ne leur insinuât des sentimens opposés à ceux qu'elle voulait leur inspirer (1). Cependant, comme elle était persuadée que ces sortes d'amusemens sont bons à la jeunesse, qu'ils donnent de la grâce, apprennent à mieux prononcer, et cultivent la mémoire (car elle n'oubliait rien de tout ce qui pouvait contribuer à l'éducation de ces demoiselles, dont elle se croyait avec raison particulièrement chargée), elle écrivit à M. Racine, après la représentation d'*Andromaque :* « Nos petites » filles viennent de jouer *Andromaque*,

───────────

(1) Il n'est pas étonnant que de jeunes filles de qualité, élevées si près de la cour, aient mieux joué *Andromaque*, où il y a quatre personnages amoureux, que *Cinna*, dans lequel l'amour n'est pas traité fort naturellement, et n'étale guère que des sentimens exagérés et des expressions un peu ampoulées : d'ailleurs une conspiration de Romains n'est pas trop faite pour des filles françaises.

« et l'ont si bien jouée qu'elles ne la joue-
» ront plus, ni aucune de vos pièces. » Elle
le pria, dans cette même lettre, de lui
faire dans ses momens de loisir quelque espèce de poëme moral ou historique dont
l'amour fût entièrement banni, et dans lequel il ne crût pas que sa réputation fût intéressée, puisqu'il demeurerait enseveli dans
Saint-Cyr, ajoutant qu'il ne lui importait
que cet ouvrage fût contre les règles, pourvu qu'il contribuât aux vues qu'elle avait
de divertir les demoiselles de Saint-Cyr en
les instruisant.

Cette lettre jeta Racine dans une grande
agitation. Il voulait plaire à madame de
Maintenon ; le refus était impossible à un
courtisan, et la commission délicate pour
un homme qui, comme lui, avait une grande réputation à soutenir, et qui, s'il avait
renoncé à travailler pour les comédiens,
ne voulait pas du moins détruire l'opinion
que ses ouvrages avaient donnée de lui. Despréaux, qu'il alla consulter, décida brusquement pour la négative : ce n'était pas le

compte de Racine. Enfin, après un peu de réflexion, il trouva dans le sujet d'Esther tout ce qu'il fallait pour plaire à la cour. Despréaux lui-même en fut enchanté, et l'exhorta à travailler avec autant de zèle qu'il en avait eu pour l'en détourner. Racine ne fut pas long-temps sans porter à madame de Maintenon, non-seulement le plan de sa pièce (car il avait accoutumé de les faire en prose, scène par scène, avant d'en faire les vers), mais même le premier acte tout fait. Madame de Maintenon en fut charmée, et sa modestie ne put l'empêcher de trouver dans le caractère d'Esther, et dans quelques circonstances de ce sujet, des choses flatteuses pour elle. La Vasthi avait ses applications (1); Aman avait de grands traits de ressemblance (2). Indépendamment de ces idées, l'histoire d'Esther convenait par-

(1) Madame de Maintenon, dans une de ses lettres, dit, en parlant de madame de Montespan :

Après la fameuse disgrâce
De l'altière Vasthi dont je remplis la place.

(2) M. de Louvois avait même dit à madame de Main-

faitement à Saint-Cyr. Les chœurs, que Racine, à l'imitation des Grecs, avait toujours eu en vue de remettre sur la scène, se trouvaient placés naturellement dans *Esther,* et il était ravi d'avoir eu cette occasion de les faire connaître et d'en donner le goût. Enfin je crois que, si l'on fait attention au lieu, au temps et aux circonstances, on trouvera que Racine n'a pas moins marqué d'esprit dans cette occasion que dans d'autres ouvrages plus beaux en eux-mêmes.

Esther fut représentée un an après la résolution que madame de Maintenon avait prise de ne plus laisser jouer de pièces profanes à Saint-Cyr. Elle eut un si grand succès, que le souvenir n'en est pas encore effacé. Jusque-là il n'avait point été question de moi, et on n'imaginait pas que je dusse y représenter un rôle; mais, me trouvant présente aux récits que M. Racine venait

---

tenon, dans le temps d'un démêlé qu'il eut avec le roi, les mêmes paroles d'Aman lorsqu'il parle d'Assuérus :

  Il sait qu'il me doit tout.

faire à madame de Maintenon de chaque scène à mesure qu'il les composait, j'en retenais des vers ; et, comme j'en récitai un jour à M. Racine, il en fut si content, qu'il demanda en grâce à madame de Maintenon de m'ordonner de faire un personnage ; ce qu'elle fit : mais je n'en voulus point de ceux qu'on avait déjà destinés ; ce qui l'obligea de faire pour moi le prologue de la Piété. Cependant, ayant appris à force de les entendre, tous les autres rôles, je les jouai successivement, à mesure qu'une des actrices se trouvait incommodée : car on représenta *Esther* tout l'hiver ; et cette pièce, qui devait être renfermée dans Saint-Cyr, fut vue plusieurs fois du roi et de toute sa cour, toujours avec le même applaudissement (1).

(1) On cadençait alors les vers dans la déclamation ; c'était une espèce de Mélopée. Et en effet les vers exigent qu'on les récite autrement que la prose. Comme, depuis Racine, il n'y eut presque plus d'harmonie dans les vers raboteux et barbares qu'on mit jusqu'à nos jours sur le théâtre, les comédiens s'habituèrent insensiblement à réciter les vers comme de la prose ; quelques-uns poussèrent ce mauvais goût jusqu'à parler du ton dont on lit la gazette :

Ce grand succès mit Racine en goût; il voulut composer une autre pièce; et le sujet d'Athalie, c'est-à-dire la mort de cette reine et la reconnaissance de Joas, lui parut le plus beau de tous ceux qu'il pouvait tirer de l'Ecriture sainte. Il y travailla sans perdre de temps; et l'hiver d'après, cette nouvelle pièce se trouva en état d'être représentée. Mais madame de Maintenon reçut, de tous côtés, tant d'avis et tant de représentations des dévots, qui agissaient en cela de bonne foi, et de la part des poètes jaloux de la gloire de Racine, qui, non contens de faire parler les gens de bien, écri-

et peu, jusqu'au sieur Le Kain, ont mêlé le pathétique et le sublime au naturel. Madame de Caylus est la dernière qui ait conservé la déclamation de Racine. Elle récitait admirablement la première scène d'*Esther*: elle disait que madame de Maintenon la lisait aussi d'une manière fort touchante. Au reste, *Esther* n'est pas une tragédie; c'est une histoire de l'Ancien Testament mise en scène : toute la cour en fit des applications; elles se trouvent détaillées dans une assez mauvaise chanson attribuée au baron de Breteuil, qui commence ainsi :

Racine, cet homme excellent,
Dans l'antiquité si savant, etc.

virent plusieurs lettres anonymes, qu'ils empêchèrent enfin Athalie d'être représentée sur le théâtre. On disait à madame de Maintenon qu'il était honteux à elle d'exposer sur le théâtre des demoiselles rassemblées de toutes les parties du royaume pour recevoir une éducation chrétienne, et que c'était mal répondre à l'idée que l'établissement de Saint-Cyr avait fait concevoir. J'avais part aussi à ces discours, et on trouvait encore qu'il était fort indécent à elle de me faire voir sur un théâtre à toute la cour.

Le lieu, le sujet des pièces, et la manière dont les spectateurs s'étaient introduits dans Saint-Cyr, devaient justifier madame de Maintenon, et elle aurait pu ne pas s'embarrasser de discours qui n'étaient fondés que sur l'envie et la malignité : mais elle pensa différemment, et arrêta ces spectacles dans le temps que tout était prêt pour jouer *Athalie*. Elle fit seulement venir à Versailles, une fois ou deux, les actrices, pour jouer dans sa chambre, devant le roi, avec leurs habits ordinaires.

Cette pièce est si belle que l'action n'en parut pas refroidie. Il me semble même qu'elle produisit alors (1) plus d'effet qu'elle n'en a produit sur le théâtre de Paris, où je crois que M. Racine aurait été fâché de la voir aussi défigurée qu'elle m'a paru l'être par une Josabet fardée, par une Athalie outrée, et par un grand-prêtre plus ressemblant aux capucinades du petit père Honoré qu'à la majesté d'un prophète divin (2). Il faut ajouter encore que les chœurs, qui manquaient aux représentations faites à Paris, ajoutaient une grande beauté à la pièce, et que les spectateurs, mêlés et confondus avec les acteurs, refroidissaient infiniment l'action (3); mais, malgré ces défauts et ces

---

(1) Cela n'est pas exact : elle fut très-dénigrée ; les cabales la firent tomber. Racine était trop grand : on l'écrasa.

(2) La Josabet fardée était la *Duclos*, qui chantait trop son rôle. L'Athalie outrée était la *Desmares*, qui n'avait pas encore acquis la perfection du tragique. Le Joad capucin était *Beaubourg*, qui jouait en démoniaque avec une voix aigre.

(3) Cette barbarie insupportable, dont madame de Caylus se plaint avec tant de raison, ne subsiste plus, grâce à la

inconvéniens, elle a été admirée, et elle le sera toujours.

On fit après, à l'envi de M. Racine, plusieurs pièces pour Saint-Cyr; mais elles y sont ensevelies : il n'y a que la seule *Judith*, pièce que M. l'abbé Testu fit faire par Boyer, et à laquelle il travailla lui-même, qui fut jouée sur le théâtre de Paris avec le succès marqué dans l'épigramme de M. Racine (1).

Mais je laisse Saint-Cyr et le théâtre pour revenir à madame de Montespan, qui demeura encore à la cour quelques années, dévorée d'ambition et de scrupules, et qui força enfin le roi à lui faire dire, par M. l'évêque de Meaux, qu'elle ferait bien, pour elle et pour lui, de se retirer. Elle demeura quelque temps à Clagny, où je la voyais assez souvent avec madame la duchesse;

---

générosité singulière de M. le comte de Lauraguais, qui a donné une somme considérable pour réformer le théâtre : c'est à lui seul qu'on doit la décence et la beauté du costume qui règnent aujourd'hui sur la scène française.

(1) A sa Judith Boyer par aventure, etc.

et, comme elle venait aussi la voir à Versailles pendant le siège de Mons, où les princesses ne suivirent pas le roi, on disait que madame de Montespan était comme ces ames malheureuses qui reviennent dans les lieux qu'elles ont habités, expier leurs fautes. Effectivement, on ne reconnut à cette conduite ni son esprit, ni la grandeur d'âme dont j'ai parlé ailleurs; et même, pendant les dernières années qu'elle demeura à la cour, elle n'y était que comme la gouvernante de mademoiselle de Blois. Il est vrai qu'elle se dépiquait de ses dégoûts par des traits pleins de sel et des plaisanteries amères.

Je me souviens de l'avoir vue venir chez madame de Maintenon un jour de l'assemblée des pauvres; car madame de Maintenon avait introduit chez elle ces assemblées au commencement de chaque mois, où les dames apportaient leurs aumônes, et madame de Montespan comme les autres. Elle arriva un jour avant que cette assemblée commençât, et, comme elle remarqua dans l'antichambre le curé, les sœurs grises, et tout l'appareil de la dévotion que madame de Maintenon professait, elle lui dit en l'abordant : « *Savez-vous, madame, comme votre antichambre est merveilleusement parée pour votre oraison funèbre ?* » Madame de Maintenon, sensible à l'esprit, et fort indifférente au sentiment qui faisait parler madame de Montespan, se divertissait de ses bons mots, et était la première à raconter ceux qui tombaient sur elle.

Les enfans légitimés du roi ne perdirent rien à l'absence de madame de Montespan. Je suis même convaincue que madame de Maintenon les a mieux servis qu'elle n'aurait fait elle-même ; et je paraîtrai d'autant plus croyable en ce point, que j'avouerai franchement qu'il me semble que madame de Maintenon a poussé trop loin son amitié pour eux, non qu'elle n'ait pensé, comme toute la France, que le roi, dans les derniers temps, les a voulu trop élever ; mais il n'était plus possible alors d'arrêter ses bienfaits, d'autant plus que la vieillesse et les malheurs domestiques du roi l'avaient rendu plus faible, et madame la duchesse du Maine plus entreprenante. J'expliquerai plus au long ce que je pense sur cette matière, quand je raconterai ce qui s'est passé dans les dernières années de la vie de Louis XIV.

M. de Clermont-Chat, en ce temps-là officier des gardes, ne déplut pas à madame la princesse de Conti, dont il parut amoureux; mais il la trompa pour cette même mademoiselle Chouin dont j'ai parlé. Son infidélité et sa fausseté furent découvertes par un paquet de lettres que M. de Clermont avait confié à un courrier de M. de Luxembourg pendant une campagne. Ce courrier portant à M. de Barbézieux les lettres du général, il lui demanda s'il n'avait point d'autres lettres pour la cour? à quoi il répondit qu'il n'avait qu'un paquet pour mademoiselle Chouin, qu'il avait promis de lui remettre à elle-même. M. de Barbézieux prit le paquet, l'ouvrit et le porta au roi. On vit dans ces lettres le sacrifice dont je viens de parler, et le roi, en les rendant à madame la princesse de Conti, augmenta sa douleur et sa honte. Mademoiselle Chouin fut chassée de la cour, et se retira à Paris, où elle entretint toujours les bontés que Monseigneur avait pour elle. Il la voyait secrètement, d'abord à Choisy, maison de campagne qu'il avait achetée de Mademoiselle, et ensuite à Meudon. Ces entrevues ont été long-temps secrètes ; mais à la fin, en y admettant tantôt une personne, tantôt une autre, elles devinrent publiques, quoique mademoiselle Chouin fût presque toujours enfermée dans une chambre quand elle était à Meudon. On se fit une grande affaire à la cour d'être admis dans le particulier de Monseigneur et de mademoiselle Chouin : madame la dauphine même, belle-fille de Monseigneur, le regarda comme une faveur, et enfin le roi lui-même et madame de Maintenon la virent quelque temps avant la mort de Monseigneur. Ils allèrent dîner à Meudon, et après le dîner, où elle n'était pas, ils allèrent seuls avec la dauphine dans l'entresol de Monseigneur, où elle était (1).

La liberté de mes souvenirs me fait revenir à M. le comte de Vermandois, fils du roi et de madame de La Vallière, prince bien fait et de grande espérance. Il mourut de maladie à l'armée, à sa première campagne; et le roi donna son bien, dont il héritait, à madame la princesse de Conti, sa sœur, et sa charge d'amiral à M. le comte de Toulouse, le dernier des enfans du roi et de madame de Montespan.

(1) On a prétendu que Monseigneur l'avait épousée; mais cela n'est pas vrai. Mademoiselle Chouin était une fille de beaucoup d'esprit, quoi qu'en dise madame de Caylus: elle gouvernait Monseigneur, et elle avait su persuader au roi qu'elle le retenait dans le devoir, dont le duc de Vendôme, le marquis de La Fare, M. de Sainte-Maure, l'abbé de Chaulieu, et d'autres, n'auraient pas été fâchés de l'écarter. En même temps elle ménageait beaucoup le parti de M. de Vendôme. Le chevalier de Bouillon lui donnait le nom de *Frosine*. Elle se mêla de quelques intrigues pendant la régence. L'auteur des *Mémoires de madame de Maintenon* a imaginé, dans son mauvais roman, des contes sur Monseigneur et mademoiselle Chouin, dans lesquels il n'y a pas la moindre ombre de vérité.

Mademoiselle de Nantes, sa sœur, épousa M. le duc de Bourbon ; et, comme elle n'avait que douze ans accomplis, on ne les mit ensemble que quelques années après. Ce mariage se fit à Versailles dans le grand appartement du roi, où il y eut une illumination et toute la magnificence dont on sait que le roi était capable : le grand Condé et son fils n'oublièrent rien pour témoigner leur joie, comme ils n'avaient rien oublié pour faire réussir ce mariage.

Madame la duchesse (1) eut la petite-vérole à Fontainebleau, dans le temps de sa plus grande beauté. Jamais on n'a rien vu de si aimable ni de si brillant qu'elle parut la veille que cette maladie lui prit : il est vrai que ceux qui l'ont vue depuis ont eu peine à croire qu'elle lui eût rien fait perdre de ses agrémens. Quoi qu'il en soit, elle courut risque de perdre encore plus que la beauté, et sa vie fut dans un grand péril :

(1) Mademoiselle de Nantes, fille du roi et de madame de Montespan, femme de M. le duc de Bourbon, fils du grand Condé.

le grand Condé, alarmé, partit de Chantilly, avec la goutte, pour se renfermer avec elle, et venir lui rendre tous les soins, non-seulement d'un père tendre, mais d'une garde zélée. Le roi, au bruit de l'extrémité de madame la duchesse, voulut l'aller voir; mais M. le Prince se mit au travers de la porte pour l'empêcher d'entrer, et il se fit là un combat entre l'amour paternel et le zèle d'un courtisan, bien glorieux pour madame la duchesse. Le roi fut le plus fort, et passa outre malgré la résistance de M. le Prince.

Madame la duchesse revint à la vie; le roi alla à Versailles, et M. le Prince demeura constamment auprès de sa belle petite-fille. Le changement de vie, les veilles et la fatigue dans un corps aussi exténué que le sien, lui causèrent la mort peu de temps après.

Monsieur le prince de Conti profita des dernières années de la vie de ce héros, heureux dans sa disgrâce d'employer d'une manière aussi avantageuse un temps qu'il aurait perdu à la cour. Mais je ne crois pas déplaire à ceux qui par hasard liront un jour mes souvenirs, de leur raconter ce que je sais de MM. les princes de Conti, et surtout de ce dernier, dont l'esprit, la valeur, les agrémens et les mœurs, ont fait dire de lui ce que l'on avait dit de Jules-César.

La paix dont jouissait la France ennuya ces princes; ils demandèrent au roi la permission d'aller en Hongrie; le roi, bien loin d'être choqué de cette proposition, leur en sut gré, et consentit d'abord à leur départ; mais à leur exemple toute la jeunesse vint demander la même grâce, et insensiblement tout ce qu'il y avait de meilleur en France, et par la naissance et par le courage, aurait abandonné le royaume pour aller servir un prince, son ennemi naturel, si M. de Louvois n'en avait fait voir les conséquences, et si le roi n'avait pas révoqué la permission qu'il avait donnée trop légèrement. Cependant MM. les princes de Conti ne cédèrent qu'en apparence à ces derniers ordres : ils partirent secrètement avec M. le prince de

Turenne et M. le prince Eugène de Savoie (1). Plusieurs autres devaient les suivre à mesure qu'ils trouveraient les moyens de s'échapper; mais leur dessein fut découvert par un page de ces princes qu'ils avaient envoyé à Paris, et qui s'en retournait chargé de lettres de leurs amis. M. de Louvois en fut averti, et on arrêta le page comme il était sur le point de sortir du royaume. On prit, et M. de Louvois apporta au roi ces lettres, parmi lesquelles il eut la douleur d'en trouver de madame la princesse de Conti, sa fille, remplie des traits les plus satiriques contre lui et contre madame de Maintenon. Celles de MM. de La Rochefoucauld et de quelques autres étaient dans le même goût; mais il y en avait qui se contentaient de quelques traits d'impiété et de libertinage : telle était la lettre du marquis d'Alincourt, depuis duc de Villeroi; sur quoi le vieux maréchal de Villeroi son grand-père,

(1) Madame de Caylus se trompe : le prince Eugène de Savoie était déjà passé au service de l'empereur, et avait un régiment.

qui vivait encore, dit : *Au moins mon petit-fils n'a parlé que de Dieu, il pardonne; mais les hommes ne pardonnent point.* Le roi exila toute cette jeunesse.

Madame la princesse de Conti en fut quitte pour la peur et la honte de paraître tous les jours devant son père et son roi justement irrité, et d'avoir recours à une femme qu'elle avait outragée, pour obtenir son pardon. Madame de Maintenon lui parla avec beaucoup de force, non pas sur ce qui la regardait, car elle ne croyait pas, avec raison, que ce fût elle à qui l'on eût manqué; mais en disant des vérités dures à madame la princesse de Conti, elle n'oubliait rien pour adoucir le roi ; et, comme il était naturellement bon, et qu'il aimait tendrement sa fille, il lui pardonna. Cependant son cœur étant véritablement blessé, il faut avouer que sa tendresse pour elle n'a jamais été la même depuis, d'autant plus qu'il trouvait journellement bien des choses à redire dans sa conduite.

MM. les princes de Conti revinrent après

la défaite des Turcs; l'aîné mourut peu de temps après, comme je l'ai dit, de la petite-vérole, et l'autre fut exilé à Chantilly. Pour madame la princesse de Conti, elle ne perdit à sa petite-vérole qu'un mari qu'elle ne regretta pas : d'ailleurs, veuve à dix-huit ans, princesse du sang, et aussi riche que belle, elle eut de quoi se consoler. On a dit qu'elle avait beaucoup plu à monsieur son beau-frère; et, comme il était lui-même fort aimable, il est vraisemblable qu'il lui plut aussi (1).

(1) Il lui plut très-fort. M. le duc lui envoya un jour un sonnet, dans lequel il comparait madame la princesse de Conti, sa belle-sœur, à Vénus. Le prince de Conti répliqua par ces vers, aussi malins que charmans :

    Adressez mieux votre sonnet :
    De la déesse de Cythère
Votre épouse est ici le plus digne portrait,
Et si semblable en tout que le dieu de la guerre,
La voyant dans vos bras entrerait en courroux.
    Mais ce n'est pas la première aventure
    Où d'un Condé Mars eût été jaloux.
    Adieu, grand prince, heureux époux,
    Vos vers semblent faits par Voiture
Pour la Vénus que vous avez chez vous.

Le grand Condé demanda, en mourant, au roi le retour à la cour de M. le prince de Conti, qu'il obtint ; et ce prince épousa peu de temps après mademoiselle de Bourbon, mariage que ce prince avait infiniment désiré. M. le prince de Conti, qui, comme je l'ai déjà dit, avait été élevé avec Monseigneur, fut toujours parfaitement bien avec lui ; et il y a beaucoup d'apparence que, s'il avait été le maître, ce prince aurait eu part au gouvernement.

Je me mariai en 1686. On fit M. de Caylus menin de Monseigneur ; et, comme j'étais extrêmement jeune, puisque je n'avais pas encore tout-à-fait treize ans, madame de Maintenon ne voulut pas que je fusse encore établie à la cour. Je vins donc demeurer à Paris chez ma belle-mère ; mais on me donna, en 1687, un appartement à Versailles, et madame de Maintenon pria

Le Voiture de M. le duc était le duc de Nevers.

La malignité de la réponse consiste dans ces mots, *si semblable en tout*. C'était comparer le mari à Vulcain.

madame de Montchevreuil, son amie, de veiller sur ma conduite.

Je m'attachai, malgré les remontrances de madame de Maintenon, à madame la duchesse. Elle eut beau me dire qu'il ne fallait rendre à ces gens-là que des respects, et ne s'y jamais attacher; que les fautes que madame la duchesse ferait retomberaient sur moi, et que les choses raisonnables qu'on trouverait dans sa conduite ne seraient attribuées qu'à elle; je ne crus pas madame de Maintenon; mon goût l'emporta; je me livrai tout entière à madame la duchesse, et je m'en trouvai mal (1).

La guerre recommença en 1688, par le siége de Philisbourg, et le roi d'Angleterre fut chassé de son trône l'hiver d'après. La reine d'Angleterre se sauva la première avec le prince de Galles, son fils; et la fortune singulière de Lauzun fit qu'il se trouva précisément en Angleterre dans ce temps-là.

(1) Sa liaison avec le duc de Villeroi éclata; mais cet amant était un homme plein de vertu, bienfaisant, modeste, et le meilleur choix que madame de Caylus pût faire.

On lui sut gré ici d'avoir contribué à une fuite à laquelle le prince d'Orange n'aurait eu garde de s'opposer. Le roi cependant l'en récompensa comme d'un grand service rendu aux deux couronnes. A la prière du roi et de la reine d'Angleterre, il le fit duc, et lui permit de revenir à la cour, où il n'avait paru qu'une fois après sa prison. M. le Prince, en le voyant revenir, dit que c'était une bombe qui tombait sur tous les courtisans.

Si le prince d'Orange n'avait pas été fâché de voir partir d'Angleterre la reine et le prince de Galles, il fut encore plus soulagé d'être défait de son beau-père.

Le roi les vint recevoir avec toute la politesse d'un seigneur particulier qui sait bien vivre; et il a eu la même conduite avec eux jusqu'au dernier moment de sa vie.

M. de Montchevreuil était gouverneur de Saint-Germain; et, comme je quittais peu madame de Montchevreuil, je voyais avec elle cette cour de près : il ne faut donc pas s'étonner si, ayant vu croître le prince de

Galles, naître la princesse sa sœur, et reçu beaucoup d'honnêtetés du roi et de la reine d'Angleterre, je suis demeurée jacobite, malgré les grands changemens qui sont arrivés en ce pays-ci par rapport à cette cause.

La reine d'Angleterre s'était fait haïr, disait-on, par sa hauteur autant que par la religion qu'elle professait en italienne; c'est-à-dire qu'elle y ajoutait une infinité de petites pratiques, inutiles partout, et beaucoup plus mal placées en Angleterre. Cette princesse avait pourtant de l'esprit et de bonnes qualités, qui lui attirèrent, de la part de madame de Maintenon, une estime et un attachement qui n'ont fini qu'avec leurs vies.

Il est vrai que madame de Maintenon souffrait impatiemment le peu de secret qu'ils gardaient dans leurs affaires, car on n'a jamais fait de projet pour leur rétablissement qu'il n'ait été aussitôt su en Angleterre qu'imaginé à Versailles (1); mais ce

(1) Ce fut madame de Maintenon qui engagea Louis XIV,

n'était pas la faute de ces malheureuses majestés : ils étaient environnés à Saint Germain de gens qui les trahissaient ; jusqu'à une femme de la reine, et pour laquelle elle avait une bonté particulière, qui prenait dans ses poches les lettres que le roi ou madame de Maintenon lui écrivait, les copiait pendant que la reine dormait, et les envoyait en Angleterre. Cette femme s'appelait madame Strickland, mère d'un petit abbé Strickland, qui, dans ces derniers temps, digne héritier de madame sa mère, a prétendu au cardinalat par son manége.

Je ne parlerai point de la guerre ni des différens succès qu'elle eut, plus ou moins heureux pour la France, et toujours glorieux pour les armes du roi ; ces choses se trouvent écrites partout : une femme, et surtout de l'âge dont j'étais, tourne ses plus grandes attentions sur des bagatelles.

Le roi alla lui-même faire le siége de Mons, en 1691. Les princesses demeurèrent

malgré tout le conseil, à reconnaître le prétendant pour roi d'Angleterre.

à Versailles, et madame de Maintenon à Saint-Cyr, dans une si grande solitude qu'elle ne voulait pas même que j'y allasse. Je demeurai à Versailles avec les princesses; et, comme il n'y avait point d'hommes, nous y étions dans une grande liberté. Madame la princesse de Conti et madame la duchesse avaient chacune leurs amies différentes, et, comme elles ne s'aimaient pas, leurs cours étaient fort séparées. C'est là que madame la duchesse fit voir cette humeur heureuse et aimable, par laquelle elle contribuait elle-même à son amusement et à celui des autres. Elle imagina de faire un roman, et de transporter les caractères et les mœurs du temps présent sous les noms de la cour d'Auguste. Celui de Julie avait, par lui-même, assez de rapport avec madame la princesse de Conti, à ne le prendre que suivant les idées qu'Ovide en donne, et non pas dans la débauche rapportée par les historiens; mais il est aisé de comprendre que ce cannevas n'était pas mal choisi, et avec assez de malignité. Nous ne manissions pas d'y avoir toutes nos épisodes, mais en beau, au moins pour celles qui étaient de la cour de madame la duchesse. Cet ouvrage ne fut qu'ébauché, et nous amusa; et c'était tout ce que nous en voulions.

Pendant une autre campagne, les dames suivirent le roi en partie, c'est-à-dire madame la duchesse d'Orléans, madame la princesse de Conti et madame de Maintenon. Madame la duchesse ne suivit pas, parce qu'elle était grosse; elle demeura à Versailles, et, quoique je le fusse aussi, ce qui m'empêcha de suivre madame de Maintenon, on ne me permit pas de demeurer avec elle. Madame de Maintenon m'envoya avec madame de Montchevreuil à Saint-Germain, où je m'ennuyai, comme on peut croire. Il arriva qu'un jour, étant allée rendre une visite à madame la duchesse, je lui parlai de mon ennui, et lui fis sans doute des portraits vifs de madame de Montchevreuil et de sa dévotion, qui lui firent assez d'impression pour en écrire à madame de

Bouzoles (1), d'une manière qui me rendit auprès du roi beaucoup de mauvais offices. Le roi fut curieux de voir sur quoi leur commerce pouvait rouler, et malheureusement cet article, qui me regardait, tomba ainsi entre ses mains. On regarda ces plaisanteries, qui m'avaient paru innocentes, comme très-criminelles; on y trouva de l'impiété, et elles disposèrent les esprits à recevoir les impressions désavantageuses qui me firent enfin quitter la cour pour quelque temps. Ainsi, madame de Maintenon avait eu raison de m'avertir qu'il n'y avait rien de bon à gagner avec ces gens-là.

Ces choses se passèrent pendant le siége de Namur, et les dames qui suivirent le roi s'arrêtèrent à Dinan. Ce fut aussi dans cette même année que se donna le combat de Steinkerque, où je perdis un de mes frères, à la tête du régiment de la Reine-dragons. Le roi revint à Versailles après la prise de Namur.

(1) Sœur de M. de Torci, amie intime de madame la duchesse, et femme de beaucoup d'esprit.

Les hivers ne se ressentaient point de la guerre : la cour était aussi nombreuse que jamais, magnifique et occupée de ses plaisirs, tandis que madame de Maintenon bornait les siens à Saint-Cyr, et à perfectionner cet ouvrage.

Le roi fit le mariage de M. le duc d'Orléans avec mademoiselle de Blois. Feu Monsieur y donna les mains, non-seulement sans peine, mais avec joie. Madame tint quelques discours mal à propos, puisqu'elle savait bien qu'ils étaient inutiles. Il est vrai qu'il serait à désirer pour la gloire du roi, comme je l'ai déjà dit, qu'il n'eût pas fait prendre une telle alliance à son propre neveu, et à un prince aussi près de la couronne ; mais les autres mariages avaient servi de degrés à celui-ci (1).

Je me souviens qu'on disait déjà que M. le duc d'Orléans était amoureux de madame la duchesse ; j'en dis un mot en badinant à mademoiselle de Blois, et elle me répondit

(1) Tout ce qu'on dit sur ce mariage dans les *Mémoires de madame de Maintenon* n'est qu'un tissu de mensonges.

d'une façon qui me surprit, avec son ton de lendore : «*Je ne me soucie pas qu'il m'aime ; je me soucie qu'il m'épouse.* » Elle eut ce contentement.

Feu Monsieur avait eu envie de préférer madame la princesse de Conti, fille du roi, veuve depuis plusieurs années, à mademoiselle de Blois, et je crois que le roi y aurait consenti si elle l'avait voulu : mais elle dit à Monsieur qu'elle préférait la liberté à tout. Cependant elle fut très-fâchée de voir sa cadette de tant d'années passer si loin devant elle. Mais je dois dire, à la louange de madame la duchesse, qu'elle ne fut pas sensible à ce petit désagrément, qui la touchait pourtant de plus près ; et je lui ai entendu dire que, puisqu'il fallait que quelqu'un eût un rang au-dessus d'elle, elle aimait mieux que ce fût sa sœur qu'une autre. Elle était d'autant plus louable d'avoir ces sentimens, qu'elle n'avait qu'une médiocre tendresse pour sa sœur. Il est vrai qu'elles se réchauffèrent quelques années après, et que leur union parut intime ; mais les communes favorites, par la suite des temps, les brouillèrent d'une manière irréconciliable ; et j'aurai occasion plus d'une fois de parler de cette brouillerie, à laquelle il faut attribuer beaucoup de nos malheurs.

Il faudrait, pour faire le portrait de M. le duc d'Orléans, un singulier et terrible pinceau. De tout ce que nous avons vu en lui, et de tout ce qu'il a voulu paraître, il n'y avait de réel que l'esprit, dont, en effet, il avait beaucoup, c'est-à-dire une conception aisée, une grande pénétration, beaucoup de discernement, de la mémoire et de l'éloquence. Malheureusement son caractère, tourné au mal, lui avait fait croire que la vertu n'est qu'un vain nom, et que, le monde étant partagé entre des sots et des gens d'esprit, la vertu et la morale étaient le partage des sots, et que les gens d'esprit affectaient seulement, par rapport à leurs vues, d'en paraître avoir selon qu'il leur convenait. Ce prince avait été parfaitement bien élevé; et comme, dans sa jeunesse, les qualités de son esprit couvraient les défauts de son cœur, on avait conçu de grandes espérances de lui. Je me souviens que madame de Maintenon, instruite par ceux qui prenaient soin de son éducation, se réjouissait de ce qu'on verrait paraître dans la personne du duc de Chartres (car c'est ainsi qu'il s'est appelé jusqu'à la mort de Monsieur) un prince plein de mérite, et capable, par son exemple, de faire goûter à la cour la vertu et l'esprit. Mais, à peine M. le duc de Chartres fut-il marié et maître de soi, qu'on le vit adopter des goûts qu'il n'avait pas : il courtisa toutes les femmes ; et la liberté qu'il se donna dans ses actions et dans ses propos souleva bientôt les dévots, qui fondaient sur lui de grandes espérances (1).

M. le duc du Maine se maria dans le même temps, et épousa, comme je l'ai dit, une fille de M. le prince. L'aînée avait épousé M. le prince de Conti, cadet de celui

(1) Les dévots n'ont jamais rien eu à espérer de lui que des ridicules.

qui mourut de la petite-vérole, et madame la duchesse du Maine n'était pas l'aînée de celle qui restait à marier : cependant on la préféra à sa sœur sur ce qu'elle avait peut-être une ligne de plus : peut-on marquer plus sensiblement, et même plus bassement, qu'on se sent honoré d'une alliance ? Mademoiselle de Condé, aînée de madame du Maine, ressentit vivement cet affront; et elle en a conservé le souvenir jusqu'à la fin de ses jours. J'avoue qu'on lui avait fait tort, et que, si elle était un tant soit peu plus petite; elle était beaucoup mieux faite, d'un esprit plus doux et plus raisonnable (1). Quoi qu'il en soit de l'une et de l'autre, madame la duchesse, portée à se moquer, appelait ses belles-sœurs les poupées du sang; et quand le mariage fut déclaré, elle redoubla ses plaisanteries avec monsieur son frère, M. le duc, d'une façon qui les a, par la suite, brouillées très-sé-

(1) Elle épousa depuis M. le duc de Vendôme, et n'en eut point d'enfans.

rieusement. C'est encore une des causes d'une dissension dans la famille royale, dont les effets ont été funestes.

A peine madame du Maine fut-elle mariée qu'elle se moqua de tout ce que M. le prince lui put dire, dédaigna de suivre les exemples de madame la princesse et les conseils de madame de Maintenon : ainsi, s'étant rendue bientôt incorrigible, on la laissa en liberté faire tout ce qu'elle voulut. La contrainte qu'il fallait avoir à la cour l'ennuya; elle alla à Sceaux jouer la comédie (1), et faire tout ce qu'on a entendu dire des *nuits blanches* (2) et tout le reste. M. le

(1) Elle l'aimait beaucoup et la jouait fort mal. On la vit sur le même théâtre avec Baron : c'était un singulier contraste ; mais sa cour était charmante ; on s'y divertissait autant qu'on s'ennuyait alors à Versailles ; elle animait tous les plaisirs par son esprit, par son imagination, par ses fantaisies : on ne pouvait pas ruiner son mari plus gaîment.

(2) Ces nuits blanches étaient des fêtes que lui donnaient tous ceux qui avaient l'honneur de vivre avec elle. On faisait une loterie des vingt-quatre lettres de l'alphabet ; celui qui tirait le C donnait une comédie, l'O exigeait un petit opéra, le B un ballet. Cela n'est pas aussi ridicule que le

duc son frère, pendant un temps, prit un très-grand goût pour elle; les vers et les pièces d'éloquence volèrent entre eux; les chansons contre eux volèrent aussi. L'abbé de Chaulieu et M. de La Fare, Malézieux et l'abbé Genest, secondaient le goût que M. le duc avait pour la poésie : enfin le frère et la sœur se brouillèrent, au grand contentement, je crois de madame la duchesse.

M. le duc avait de grandes qualités, de l'esprit et de la valeur au suprême degré; il aimait le roi et l'état. Bien loin d'avoir cet intérêt sordide qu'on a toujours reproché aux Condé, il était juste et désintéressé, et il en donna des marques après la mort de M. le Prince son père, quand il fut en possession du gouvernement de Bourgogne. M. le Prince exigeait de cette province une somme d'argent considérable, indépendante des droits de son gouvernement; et M. le duc son fils, en prenant sa place, la remit

---

prétend madame de Caylus, qui était un peu brouillée avec elle.

généreusement à la province. Ce prince ne laissait pas d'avoir des défauts; il était brutal; et, quant à son esprit, les meilleures choses qu'il avait pensées devenaient ennuyeuses à force de les lui entendre redire. Il aimait la bonne compagnie; mais il n'y arrivait pas toujours à propos. On ne peut pas, en apparence, être moins fait pour l'amour qu'il l'était; cependant il se donnait à tout moment comme un homme à bonnes fortunes. Il aimait madame sa femme plus qu'aucune de celles dont il voulait qu'on le crût bien traité, et cependant il affectait beaucoup d'indifférence pour elle : il en était excessivement jaloux, et ne voulait pas le paraître. Quoi qu'il en soit, l'état et madame la duchesse ont fait une perte irréparable à sa mort. Ses défauts n'étaient aperçus que de ceux qui avaient l'honneur de le voir familièrement; et ses bonnes qualités auraient été d'une grande ressource à la France, à la mort de Louis XIV, dont il était plus estimé qu'aimé, parce qu'en effet il était plus estimable qu'aimable.

M. le prince de Conti était le contraire. Quoiqu'il eût de grandes qualités, bien de la valeur, et beaucoup d'esprit, cependant on peut dire qu'il était plus aimable qu'estimable. Il n'avait jamais que l'esprit qui convenait avec ceux avec qui il était : tout le monde se croyait à sa portée ; jamais, je ne dis pas un prince, mais aucun homme, n'a eu au même degré que lui le talent de plaire : d'ailleurs il était faible pour la cour autant qu'avec madame sa femme. On dit qu'il était intéressé : je n'en sais rien ; je sais seulement que l'état de sa fortune ne lui permettait pas de paraître fort généreux. Sa figure n'avait rien de régulier ; il était grand sans être bien fait, maladroit avec de la grâce, un visage agréable : ce qui formait un tout plein d'agrémens et de charmes, à quoi l'esprit et le caractère contribuaient. M. le duc ne l'aimait pas naturellement ni surnaturellement, par l'amour qu'il eut pour madame la duchesse ; cependant il le copiait, et voulait souvent qu'on crût qu'il avait imaginé les mêmes choses que lui.

M. le prince de Conti, jusqu'à la passion qu'il eut pour madame la duchesse, n'avait pas paru capable d'en avoir de bien sérieuses. Il avait eu plusieurs affaires galantes, et avait fait voir plus de coquetterie que d'amour; mais il en eut un violent pour madame la duchesse. Peut-être que le rapport d'agrémens qu'on trouvait en eux, et la crainte des personnes intéressées, ont contribué à faire naître cette passion : il est certain du moins que les soupçons de M. le Prince, les précautions de madame la princesse et l'inquiétude de M. le duc, l'ont prévenue. Il y avait long-temps que madame la duchesse était mariée et que sa beauté faisait du bruit dans le monde, sans que M. le prince de Conti parût y faire attention. Quelques personnes même s'y étaient attachées particulièrement, mais aucune ne lui a plu, si on excepte le comte de Mailli, dont je ne répondrais pas, quoique je n'aie rien vu en passant ma vie avec elle, qui pût autoriser les bruits qui ont couru. Je l'ai bien vu amoureux; j'en ai parlé quelquefois en badinant, et madame la duchesse me répondait sur le même ton. Madame de Maintenon en a souvent parlé, et en ma présence, à M. de Mailli; mais il se tirait des réprimandes qu'elle lui faisait par des plaisanteries, qui réussissaient presque toujours avec madame de Maintenon quand elles étaient faites avec esprit. Lassé pourtant des discours qu'on tenait, et craignant enfin qu'ils ne revinssent au roi, il fit semblant d'être amoureux d'une autre femme. Ce prétexte réussit assez pour alarmer la famille de cette femme; et comme c'étaient des gens bien à la cour, ils vinrent prier madame de Maintenon d'empêcher le comte de Mailli de continuer les airs qu'il se donnait à l'égard de leur fille : c'était tout ce que voulait le comte de Mailli ; et il ne manqua pas de dire à madame de Maintenon que, si elle le grondait sur cette femme, il fallait au moins qu'elle fût en repos sur l'autre. Quoi qu'il en soit, et le prétexte et la réalité prirent fin.

M. le prince de Conti ouvrit les yeux sur

les charmes de madame la duchesse à force de s'entendre dire de ne la pas regarder : il l'aima passionnément ; et si, de son côté, elle a aimé quelque chose, c'est assurément lui, quoi qu'il soit arrivé depuis.

On prétend, et ce n'est pas, je crois, sans raison, que ce prince, qui n'avait été jusque-là sensible qu'à la gloire ou à son plaisir, le fut assez aux charmes de madame la duchesse pour lui sacrifier une couronne.

On sait qu'il fut appelé par un parti en Pologne, et l'on prétend qu'il aurait été unanimement déclaré roi s'il l'avait bien voulu, et si son amour pour madame la duchesse n'avait pas ralenti son ambition. Je crois pourtant que beaucoup d'autres choses ont contribué au mauvais succès de son voyage en Pologne ; mais, comme on croyait ici, dans le temps qu'il partit, l'affaire certaine, et qu'il était persuadé de ne jamais revenir en France, les adieux furent aussi tendres et aussi tristes entre madame la duchesse et lui qu'on peut se l'imaginer.

Ils avaient un confident contre lequel la

jalousie et la véhémence de M. le duc ne pouvaient rien : ce confident était M. le dauphin, et je crois qu'ils n'en ont jamais eu d'autre. Cette affaire a été menée avec une sagesse et une conduite si admirables, qu'ils n'ont jamais pu donner aucune prise sur eux ; si bien que madame la princesse fut réduite à convenir avec madame sa belle-fille, qu'elle n'avait d'autres raisons de soupçonner cette galanterie que parce que M. le prince de Conti et elle paraissaient faits l'un pour l'autre.

M. le prince de Conti ne goûta pas long-temps le dédommagement qu'il trouvait dans sa passion au défaut d'une couronne. Son tempérament faible le fit, presque aussitôt après son retour, tomber dans une maladie de langueur qui termina enfin sa vie trois ou quatre ans après, infiniment regretté de toute la France, de Monseigneur, et de sa maîtresse.

Elle eut besoin de la force qu'elle a naturellement sur elle-même pour cacher à M. le duc sa douleur. Elle y réussit d'autant plus, je crois, qu'il était soulagé de n'avoir plus un tel rival ni un tel concurrent, qu'il ne se soucia d'examiner ni le passé, ni le fond du cœur.

Madame la duchesse vécut comme un ange avec lui; elle fit même que l'éloignement de Monseigneur pour la personne de M. le duc diminua. Il paraissait s'accoutumer à lui, et il y aurait été fort bien par la suite, si une mort prompte ne l'avait enlevé dans le temps qu'il était, comme je l'ai déjà dit, le plus nécessaire à la France, à sa maison, et à madame sa femme. Elle en parut infiniment affligée, et je crois que c'était de bonne foi : elle n'avait que de l'ambition dans la tête et dans le cœur depuis la mort de M. le prince de Conti; et M. le duc avait toutes les qualités propres à lui faire concevoir de grandes espérances de ce côté-là. Il était impossible, de quelque façon que la famille royale se pût tourner, que M. le duc n'eût pas joué un grand rôle; madame la duchesse gouvernant alors Monseigneur, et M. le duc ayant de son côté tout le courage et toute la capacité nécessaires pour commander les armées, et même pour gouverner l'état.

La faveur de madame la duchesse auprès de Monseigneur redoubla après cette mort. Il était continuellement chez elle, et l'envie que M. le duc de Berri avait de lui plaire faisait aussi qu'il s'y trouvait souvent avec lui ; et, comme madame la duchesse mit dans le monde, dans ce même temps, les princesses ses filles, et que par conséquent elles étaient souvent avec Monseigneur et M. le duc de Berri, on jugea que madame la duchesse avait dessein de faire le mariage de mademoiselle de Bourbon avec M. le duc de Berri, ou du moins on se servit de cette raison pour presser celui de mademoiselle d'Orléans avec ce prince.

Il faut avouer ici que madame de Maintenon entra dans cette crainte, et que son amitié pour madame la duchesse de Bourgogne lui fit appréhender le grand crédit de madame la duchesse. Elle ne put imaginer sans une peine extrême que madame la duchesse de Bourgogne se verrait un jour abandonnée, et que toute la cour serait aux pieds de madame la duchesse pour plaire à Monseigneur. Elle voyait dans madame la duchesse une conformité de caractère, de vues et d'humeur entre elle et madame de Montespan, qui la détermina entièrement pour le côté d'Orléans ; mais je me souviens que je n'ai pas encore dit un mot de madame la duchesse de Bourgogne.

On sait que cette princesse n'avait que dix à onze ans quand elle vint en France. Sa grande jeunesse et les prières de madame la duchesse de Savoie, sa mère, firent que madame de Maintenon en prit un soin particulier, ou, pour mieux dire, l'intérêt du roi et celui de toute la France, l'engagèrent encore plus à donner tous ses soins pour achever l'éducation que madame la duchesse de Savoie avait si bien commencée ; car, il faut dire la vérité, et je l'ai souvent entendu dire à madame de Maintenon, qu'on ne peut avoir été mieux élevée que l'avait été cette princesse. « *Nous n'aurions fait*, disait-elle, *que la gâter ici, si les bonnes qualités qui sont en elle y avaient été moins fortement imprimées.* » Madame de Maintenon se mit donc en possession de la princesse de Savoie dès qu'elle arriva ici, et elle, soit par esprit ou par sentiment, déféra entièrement à ses avis. Elle fut, jusqu'à son mariage, et quelque temps encore après, fort séparée des princesses et du reste de la cour. Madame de Maintenon la formait sous les yeux du roi; elle l'environna, autant qu'il lui fut possible, de personnes de mérite : elle lui donna pour dame d'honneur madame la duchesse du Lude, pour dame d'atours madame la comtesse de Mailli; et les dames du palais étaient choisies entre ce qu'il y avait de meilleur, ou du moins regardé comme tel par madame de Maintenon.

La duchesse du Lude avait de la dignité dans l'extérieur, et une déférence à l'égard de madame de Maintenon qui lui tenait lieu d'esprit. On n'avait voulu dans cette place qu'une représentation, c'est aussi tout ce qu'elle avait ; elle ne faisait rien sans en rendre compte. Les princesses qui virent qu'on éloignait madame la duchesse de Bourgogne de leur commerce, n'en surent pas bon gré à madame de Maintenon, et surtout madame la duchesse, qui, dans le fond, ne l'aimait pas, moins par rapport à madame de Montespan, que parce qu'elle avait voulu, autrefois, lui donner des avis; et qu'elle l'avait souvent blâmée dans sa conduite; mais, dans le fond, c'était plus pour la rendre telle qu'il convenait au roi que pour tout autre motif; mais, comme on ne se rend pas justice, elle l'accusait d'une chose dont pourtant madame de Maintenon l'avait bien avertie, et qu'il n'avait tenu qu'à elle de prévenir. Il est vrai qu'ayant pensé, peut-être assez à propos, que son exemple et ses discours pouvaient être dangereux, et gâter en un instant tout ce qu'elle aurait fait avec beaucoup de peines et de temps auprès de madame la duchesse de Bourgogne, madame de Maintenon fit en sorte qu'elle ne vît guère madame la duchesse, et qu'elle ne lui parlât jamais en particulier. Elle ne craignait pas de même madame la duchesse d'Orléans, dont l'esprit était moins porté à la raillerie, et qui s'était plus ménagée avec madame de Maintenon. D'ailleurs, madame la dauphine et madame de Maintenon étaient entourées de femmes attachées à madame la duchesse d'Orléans; qui la faisaient valoir, et qui relevaient avec malignité tout ce que faisait et disait madame la duchesse, et lui attribuaient même souvent des choses à quoi elle n'avait pas pensé.

J'ai ouï dire à madame la duchesse, dans le temps de la déclaration du mariage de M. le duc de Berri, qu'elle n'avait jamais parlé à Monseigneur de lui faire épouser mademoiselle de Bourbon; et véritablement Monseigneur était peu propre à recevoir de pareilles propositions, et à entrer dans un projet qu'il n'aurait pas confié au roi. Madame la duchesse, qui le connaissait, se serait bien gardée de lui laisser seulement croire qu'elle en eût la pensée,

Peut-être imaginait-elle que le roi étant vieux, il pourrait arriver que M. le duc de Berri n'étant pas marié, il lui serait alors facile de déterminer le choix de Monseigneur en faveur d'une de ses filles ; mais, à coup sûr, elle ne lui aurait jamais, en attendant, confié cette pensée. A dire la vérité, quoique la fille de M. le duc d'Orléans dût passer devant une fille d'une branche cadette, il n'était pas naturel et convenable, après ce qui s'était passé en Espagne, d'allier la maison d'Orléans à un prince aussi près de la couronne, et frère du roi d'Espagne.

Il eût été à désirer, ou que le roi n'eût point marié M. le duc de Berri, ce qui ne pressait pas, ou qu'il eût fait un autre choix. Il ne lui fallait ni une fille de madame la duchesse, ni une fille de madame la duchesse d'Orléans, par la bâtardise des mères ; mais il fallait encore moins prendre la fille d'un homme qui au moins avait eu des intelligences avec les ennemis de la couronne d'Espagne, dans le temps qu'il y commandait les armées, pour conserver cette couronne à Philippe V. Je laisse même à part tout ce qui s'est dit et du poison et de la conduite qu'il tenait dans ce pays-là. Ses traités avec l'Angleterre étaient suffisans pour qu'on fît avec justice le procès à ce prince ; et c'était une assez grande clémence au roi de lui avoir pardonné, sans avoir voulu l'approcher de plus près de sa personne par cette alliance ; mais enfin la destinée de la France fit qu'il pensa autrement. Ce roi si sage consentit à un mariage dont il eut lieu de se repentir ; Monseigneur y donna les mains par cette déférence qu'il eut toujours aux volontés du roi, et de si bonne grâce qu'il ne parut pas même en être fâché : madame la dauphine en fut ravie ; elle regardait ce mariage comme son ouvrage, et elle croyait qu'il assurerait le repos et l'agrément de sa vie après la mort du roi ; mais à peine fut-il conclu, qu'elle eut lieu de s'en repentir.

Madame la duchesse de Berri ne se contraignit plus, et il est bien plus étonnant qu'avec son caractère et son tempérament elle eût pu prendre autant sur elle qu'elle y prit pendant les deux années qui précédèrent son mariage, qu'il l'est, qu'étant parvenue à ce qu'elle désirait, elle dédaignât de se contraindre après. Elle se montra donc, dès le lendemain de ses noces, telle qu'elle était, c'est-à-dire une autre reine de Navarre pour les mœurs; à quoi elle ajoutait le goût du vin, et une ambition que les personnes fort dissolues n'ont ordinairement pas. Mais il faut avouer qu'elle avait été élevée d'une manière bien propre à porter ces mauvaises qualités aussi loin qu'elles pouvaient aller. Monsieur son père avait eu pour elle, dès sa naissance, une amitié singulière; et, à mesure qu'elle avançait en âge, il lui confiait ses goûts et la rendait témoin de ses actions. Elle le voyait avec ses maîtresses; il la faisait souvent venir en tiers entre madame d'Argenton et lui, et, comme il avait le goût de la peinture, il peignit lui-même sa fille toute nue. Malgré cette éducation, elle sut si bien se contraindre deux ans avant son mariage, qu'on ne parlait à madame la dauphine et à madame de Maintenon que de sa retenue; et madame la duchesse d'Orléans, qui désirait ardemment ce mariage, et qui vit bien qu'il ne réussirait pas tant que cette princesse demeurerait à Paris ou à Saint-Cloud entre les mains de son père, la fit venir à Versailles sous ses yeux. Là, cette jeune princesse, qui comprit que sa fortune dépendait de sa conduite, en eut une si bonne qu'on ne s'apercevait pas de ses mauvaises inclinations, et même, quelque temps avant que de venir à Versailles, dès l'âge de douze ans, elle pensa qu'elle avait trop de dispositions à engraisser, et que, si elle continuait sa manière de vivre, ce pourrait être un obstacle aux vues qu'on avait pour elle : cette idée lui fit prendre la résolution de ne guère manger, de peu dormir et de faire beaucoup d'exercice, quoiqu'elle fût naturellement gourmande et paresseuse. On ne peut disconvenir qu'une fille, capable à cet âge d'une pareille résolution, par le seul motif d'ambition, et sans qu'elle y fût portée par l'autorité des gens qui en avaient sur elle, devait être un jour bien dangereuse. Mais quand elle fut une fois mariée, elle crut que rien ne valait la peine qu'elle se contraignît; aussi s'enivra-t-elle avec monsieur son père, deux jours après son mariage, dans un souper qu'il donna à madame la dauphine à Saint-Cloud, aux yeux de cette princesse, de madame sa mère, et de M. le duc de Berri. Non contens d'avoir beaucoup bu à table, ils allèrent s'achever avec des liqueurs dans un petit cabinet, et madame la dauphine fut bien honteuse d'avoir à la ramener dans cet état à Versailles. Je ne dirai point comment elle manifesta ses autres inclinations; il suffit de dire qu'elle ne tarda pas à les faire connaître. Je passerai de là à l'histoire des pendans d'oreilles, qui firent tant de bruit, et qui, si on en croit la commune opinion, eurent des suites si funestes.

Madame la duchesse d'Orléans avait des pendans d'oreilles très-beaux, que feu Monsieur avait eus de la reine-mère; M. le duc d'Orléans les lui prit pour les donner à madame la duchesse de Berri. La manière et la chose devaient lui être désagréables; mais elle eut tort, les connaissant tous deux, d'en faire tant de bruit. Elle se plaignit, elle pleura, elle en parla au roi, qui gronda madame la duchesse de Berri. Madame la dauphine entra, pour son malheur, dans cette querelle, et prit parti pour madame la duchesse d'Orléans.

Depuis ce moment, madame la duchesse de Bourgogne et madame la duchesse de Berri ne furent plus ensemble de la même manière; car il faut avouer que, dans les commencemens du mariage, la première ne regardait pas l'autre comme sa belle-sœur, mais comme sa propre fille. Elle lui donnait des conseils, et elle l'avait voulu former, comme elle-même l'avait été, d'une manière propre à plaire au roi; sentimens et dispositions bien rares, non-seulement dans une princesse, mais dans une femme ordinaire.

Madame la dauphine ne l'était pas; et,

si cette princesse avait des défauts et des faiblesses, elle avait aussi de grandes qualités, et il faut avouer que son commerce était charmant. Le public a de la peine à concevoir que les princes agissent simplement et naturellement, parce qu'il ne les voit pas d'assez près pour en bien juger, et parce que le merveilleux qu'il cherche toujours ne se trouve pas dans une conduite simple et dans des sentimens réglés. On a donc mieux aimé croire que madame la dauphine ressemblait à monsieur son père, et qu'elle était, dès l'âge de onze ans qu'elle vint en France, aussi fine et aussi politique que lui; affectant pour le roi et madame de Maintenon une tendresse qu'elle n'avait pas. Pour moi, qui ai eu l'honneur de la voir de près, j'en juge autrement ; et je l'ai vu pleurer de si bonne foi sur le grand âge de ces deux personnes qu'elle croyait avec raison devoir mourir avant elle, que je ne puis douter de sa tendresse pour le roi. Mais madame la dauphine était jeune, elle était femme, et naturellement coquette; ce qui suffit pour faire comprendre qu'il y avait journellement dans sa conduite beaucoup de petites choses qu'elle aurait voulu cacher ; ce n'est pas là être fausse. Je ne dois pas même céler, pour sa justification, qu'il y a bien de ces petites fautes où elle s'est laissé entraîner par les autres, et que le plus grand défaut que je lui aie connu était d'être trop facile, et de laisser prendre trop d'empire aux jeunes personnes qui l'approchaient ; ce qui l'a jetée dans quelques inconvéniens qui ont pu faire quelque tort à sa réputation.

On a parlé de deux hommes pour lesquels on a prétendu qu'elle avait eu du goût : le premier était un fou (1), et elle était un enfant quand il alla en Espagne, où il fit aussi l'amoureux de la reine d'Espagne (2), sœur de madame la duchesse de Bourgogne.

(1) On voit bien que c'est de M. de Maulevrier que je veux parler ; et la manière dont il s'est tué justifie assez ce que j'en ai dit : il se jeta par une fenêtre.

(2) La reine d'Espagne lui avait écrit quelquefois. Chaque

Je ne l'ai pas connu, parce que je n'étais pas à la cour dans ce temps là ; mais j'en sais assez pour dire que les passions étaient en lui des folies, et par les excès où elles le portaient, et par les moyens qu'il employait. Cependant, comme il avait de l'esprit, il a ébloui pendant un temps les gens les plus sages. Madame de Maintenon n'a pas même été exempte d'avoir quelque bonne opinion de lui ; ce qui a paru par des audiences particulières qu'elle a bien voulu lui donner quelquefois. Madame de Maulevrier, fille du maréchal de Tessé, qui fut bien avec madame la dauphine jusqu'à la mort de son mari, s'est brouillée avec cette princesse pour n'avoir pas voulu, à ce qu'on dit, lui rendre ses lettres ; mais, dans la vérité, pour avoir, je crois, répandu ce bruit-là sans fondement. Quoi qu'il en soit, il est certain qu'elle a toujours été mal avec elle depuis, quoiqu'elle fût fille du premier écuyer de

---

mot de la lettre était renfermé dans une boule de hoca; le paquet était adressé à l'abbé de Caumartin, depuis évêque de Blois.

cette princesse, et d'un homme dont le roi s'était servi pour travailler à son mariage.

Nangis est le second pour lequel madame la dauphine a eu du goût. Je ne parlerai pas de celui-là comme j'ai parlé de l'autre, et j'avouerai que je le crois comme le public. La seule chose dont je doute, c'est que cette affaire soit allée aussi loin qu'on le croit, et je suis convaincue que cette intrigue s'est passée en regards et en quelques lettres tout au plus. Je me le persuade par deux raisons : l'une, que madame la dauphine était trop gardée, et l'autre que Nangis était trop amoureux d'une autre femme qui l'observait de près, et qui m'a dit à moi-même que, dans le temps qu'on soupçonnait qu'il pouvait être avec madame la dauphine, elle était bien assurée du contraire, puisqu'il était avec elle. C'était bien plutôt une galanterie innocente qu'une passion.

FIN DES SOUVENIRS.

LETTRES
DE
MADAME DE CAYLUS.

LETTRE PREMIÈRE.

A MADAME DE MAINTENON.

D'un simple œillet on estimait l'hommage
Au bon vieux temps : or tel était l'usage ;
Et pour certain en tous lieux on tenait,
Si qu'un bouquet donné d'amour profonde
C'était donner toute la terre ronde ;
Car seulement au cœur on se prenait (1).

Si vous vouliez, Madame, faire revivre en ma faveur ce bon vieux temps, j'aurais lieu d'être contente et sûre que mon pré-

___

(1) Ces vers de madame de Caylus sont une très-jolie imitation d'un rondeau de Marot, intitulé : *De l'Amour du*

sent aurait tout le mérite qui vous le fait offrir. Mais incertaine de mon sort, je n'ose me nommer :

> Or, devinez qui je puis être :
> Mon cœur était à vous dès sa tendre saison ;
> Par mes seuls sentimens vous devez me connaître :
> Le goût qui les reçut devança la raison :
> Elle s'en applaudit, et faisant disparaître
> Les vains, les frivoles désirs,
> A vous plaire, à vous voir, je bornai mes plaisirs.
> Or, devinez qui je puis être.

> A ce présent je voudrais bien
> Joindre quelque chose du mien ;
> Mais je connais ce que vous êtes,
> Et le peu de cas que vous faites
> De l'encens le mieux apprêté,
> De ces brillans honneurs qui tournent tant de têtes,
> Alimens de la vanité,
> Dont le vrai caractère est la fragilité.

> En ce jour que puis-je mieux faire
> Pour vous prouver ma vive ardeur,

siècle antique (tome I de ses Œuvres), et qui commence ainsi :

> Au bon vieux temps un train d'amour régnait,
> Qui sans grand art et dons se démenait,
> Si qu'un bouquet donné d'amour profonde
> C'était donner toute la terre ronde ;
> Car seulement au cœur on se prenait.....

A chercher ce qui peut vous plaire,
Que de vous présenter mon cœur?

Un cœur, au moins, est chose plus solide
Au tribunal où la raison décide :
Vous connaissez le mien, vous savez ce qu'il vaut ;
J'ose le dire, il est tout comme il vous le faut,
Respectueux, tendre et fidèle ;
Pour vous se sentant chaque jour
Une inclination nouvelle,
Par vous quiétiste en amour,
Des plus constans, des plus sincères,
Un vrai cœur, en un mot, du bon temps de nos pères.

LETTRE II.

A LA MÊME.

Puisque le roi a travaillé de si bonne heure avec M. Pelletier, il aurait bien dû avoir un peu de musique. Voici le plus triste des jours. Je voudrais tourner en repos le vide où vous me laissez ; mais je me sens une disposition léthargique qui passe la raillerie. Je ne m'en vanterai pas à nos dames ; elles seraient assez vaines pour s'imaginer que leur absence y aurait part. Je ne sais aucune nouvelle, et je vous écris, ma chère tante, bien moins pour vous que pour moi. M. de Meaux et le père Daniel me tiennent bonne compagnie. Plus je lis le premier, plus j'en suis édifiée et charmée. Il n'y a rien de si droit et de si simple que tout ce qu'il prescrit pour la conduite : il ne fallait pas se jouer avec lui à des manières trop affectueuses pour son directeur. Il est surprenant combien cet homme, répandu au dehors au point où il fallait nécessairement qu'il le fût, était pourtant intérieur. Je dirais bien, je vous assure, comme mon père qui avait été son prosélyte, et qui disait qu'il aimerait mieux une page de M. de Meaux, que tous les volumes de ces messieurs. Ce n'est point la complaisance qui me fait parler ainsi ; mais il faut que je vous suppose un aussi grand loisir que celui où je suis, pour m'aviser de vous entretenir de mes lectures. S'il était à mon choix de faire autrement, vous m'auriez trouvée, au retour de la récréation, dans votre chambre. Je vous avertis que je me porte assez bien pour soutenir le carrosse : soit dit sans vous déplaire, et en attendant vos ordres avec une soumission digne de récompense.

LETTRE III.

A LA MÊME.

1708.

Depuis que je suis revenue de la messe, je n'ai pas trouvé un instant à pouvoir vous écrire un mot, d'abord parce qu'il fallait me reposer, et ensuite par un enchaînement de monde à me désespérer : un homme d'affaires, une visite agréable, une désagréable, gens oisifs, piquet dont je ne me souciais point, conversation à soutenir, malheureux à réconforter, du nombre desquels a été notre pauvre Lassai. La tête me fend ; l'heure de vous faire réponse se passait ; cependant, ma chère tante, il faudrait dîner demain, j'en ai besoin : je ne sache point que notre amie ait de nouveaux chagrins ; mais elle a été frappée d'une façon dont elle se ressent toujours, malgré son courage.

Mademoiselle de Croisille, précédée par votre billet, devait me promettre une journée plus tranquille : sa physionomie annonce ce que vous m'en mandez ; je n'en ai jamais vu une plus modeste, ni rien de si poli que ses discours ; en un mot, elle est digne d'être convoitée à Saint-Cyr.

C'est de la place même et du bureau de M. Desmarets que je vous écris, et, quoique cette date ne soit qu'une copie de mademoiselle la princesse d'Harcourt, qui data de votre toilette une lettre à ses juges, je n'ai pu résister à l'envie de vous en imposer.

Je ne vous parle point de ma santé, j'ai une traînasserie qui me désespère.

A tout ce que je vois ici, le roi d'Espagne sert bien M. d'Orléans. Au milieu de tout cela, divertissons le roi, dînons, jouons, allons à la musique, demain à la comédie, et surtout, ma chère tante, portez-vous bien, prenez garde au froid, soyez sans égard pour les autres, et faites votre volonté comme vous nous le promettiez l'autre jour. Je finis en disant de tout mon cœur : Ainsi soit-il.

LETTRE IV.

A LA MÊME.

Je ne suis point contente d'avoir passé mon après-dînée à amuser notre duchesse ; j'allais y renoncer, quand vous êtes partie. Nos dames m'ont quittée presqu'en même temps que vous. Je réfléchis sur votre semaine, et je ne la saurais trouver bien ordonnée qu'il n'y ait un peu plus de la petite nièce : pourquoi n'en pas vouloir quelquefois avec la petite famille ? Elle serait aussi hébêtée au jeu que vous le voudriez ; elle travaillerait si sagement, elle écouterait ou ferait la lecture avec tant de plaisir, enfin (et c'est peut-être bien la meilleure raison pour la faire recevoir), elle partirait au moindre signe. Si vous voulez la laisser au monde, elle vous assure, sans hypocrisie, qu'elle retrouvera pour lui encore plus de temps qu'il ne lui en faut. Elle ne voit après tout que les cabales, qu'elle voit assez avec vous, ou ces maréchaux de France qui ne la charment pas au point de ne s'en pouvoir passer; elle craint les ministres; elle n'aime point les princesses. Si c'est le repos que vous lui voulez, elle n'en trouve qu'avec vous; si c'est sa santé, elle y trouve son régime et sa commodité; en un mot, elle trouve tout avec vous, et rien sans vous. Après ce sincère exposé, ordonnez, mais non pas en Néron.

Savez-vous qu'il est arrivé un courrier d'Angleterre? Des connaisseurs en physionomie prétendent que les nouvelles sont excellentes, et, malgré tant de biens qui nous arrivent, vous nous mettez en pénitence. Je me porte à merveille aujourd'hui. Je me suis si bien mise à l'ombre, que je ne vois goutte en vous écrivant. Vous voudriez bien ne pas voir plus distinctement ce M. de Pontchartrain, si savant dans l'art d'ennuyer.

LETTRE V.

A LA MÊME.

Que n'ai-je toutes les grâces d'un esprit léger, pour introduire dans votre solitude la plus légère de toutes les quenouilles ! Elle est jolie, si vous voulez ; mais après cela, elle vous est donnée par une personne qui, quand elle sera à votre côté, voudrait bien ne la pas perdre de vue, et dont la situation présente n'est pas fort agréable, et qui peut vous assurer qu'elle compte se divertir aujourd'hui comme on ne se divertit point. Que peut-elle voir en effet ? que des femmes dont le système est si différent du sien, qu'elles ne peuvent jamais être à l'unisson, fût-ce même sur les fichus et sur les coiffures. Je m'entendrai dire que j'ai un visage à faire contre, vous savez bien quoi, et que, si aujourd'hui ou demain on était dans l'état où je suis, on saurait prendre des spécifiques que les médecins de la cour ne donneront jamais. Mais c'est trop discourir : partez, ma quenouille ; il n'y a point d'ironie à dire que je vous envie, rien n'est plus vrai. Parlons sérieusement : voici une chose qui m'embarrasse ; c'est la dame de Saint-Pierre, qui part demain au soir avec un regret infini si elle ne vous voit pas ; le mérite qu'elle a acquis dans ses voyages me met fort dans ses intérêts, et son prompt départ vous mettrait à couvert des suites. Cependant je ne veux point, comme vous dites quelquefois, payer de votre personne pour me faire valoir à Utrecht.

Passe pour le cédrat envoyé à madame de Dangeau, passe encore pour toutes les caresses ; il faut avouer que toute sa personne y invite assez. Mais Saint-Cyr ! et Saint-Cyr sans moi ! quelles nouvelles ! Je sens en ce moment la jalousie la plus vive, l'Envie, jaune fille d'enfer, etc.

Tout ce que la rage fait dire
Quand elle est maîtresse des sens.

J'avais une légère espérance de pouvoir

moi-même vous rendre cette lettre du maréchal d'Harcourt ; mais, n'ayant pu avoir l'honneur de vous voir, je crois, comme elle ne gagnerait rien à vous être présentée de ma main, qu'elle ne perdra pas non plus à vous être envoyée. Il me mande qu'il se plaint à vous de ce que mon importance m'empêche de lui écrire. Je viens de chez M. le dauphin ; on m'a refusé la porte : les exceptions sont dangereuses ; l'appétit est revenu ; il se joue avec beaucoup de gaîté. Tranquillisez-vous donc, ma chère tante, je n'ai rien appris d'aujourd'hui. L'indignation continue parmi les honnêtes gens ; les autres traitent ce crime de bagatelle. Je sais bien mauvais gré au soleil de luire avec tant d'éclat dans mon cabinet, quand vous n'y êtes pas.

LETTRE VI.

A LA MÊME.

J'ai vu dans ma chambre tout à la fois le plus grand des princes, une dauphine plus aimable que celle dont madame de La Fayette sut faire un portrait si charmant, un dauphin l'effroi des courtisans et les délices du peuple, ma tante, et ma tante jouant au piquet pour m'amuser, madame de Dangeau : enfin que me manquait-il? et que me reste-t-il? Que le souvenir de ma gloire et de mes plaisirs passés.

Notre affaire n'est pas faite, mais nous espérons qu'elle se fera. Il y a quelque apparence que madame la duchesse de Berri n'aura pas le sou ; qu'elle parlera à M. le duc de Berri ; que madame de Pompadour arrivera avec cette éloquence qui charme M. Fagon, et que madame de la Vieuville sera dans nos intérêts. Voilà où nous en sommes. Je n'ai ni vos inquiétudes, ni votre courage.

LETTRE VII.

A LA MÊME.

1714.

Zéphyr est arrivé tantôt avec une si grande quantité d'oranges, qu'il en gémissait sous le poids ; mais je n'ai pu y donner, en ce moment-là, toute l'attention que j'aurais voulu. M. de Contade était dans ma chambre, et vous croyez bien que j'avais quelques questions à lui faire. Je lui en fis sur M. le duc dont il m'a dit beaucoup de bien : il ne savait rien des lettres ni interceptées, ni reçues, ni écrites, et ce n'est qu'ici qu'il l'a appris. Il m'a dit aussi beaucoup de bien du comte de Mailli sans que je lui en parlasse ; de mon fils, il n'avait garde de m'en dire du mal. A M. de Contade a succédé M. le maréchal d'Harcourt, qui m'a proposé de faire apporter son dîner ; j'y ai consenti : un instant après, madame la duchesse de Guiche lui a envoyé demander la soupe : je me suis trouvée tout-à-coup dînant en très-grande compagnie ; mais la fin du dîner du roi m'a tirée d'intrigue. Je suis seule, et je reviens aussitôt à l'envie que je porte à Fanchon ; mais M. Thibault, homme très-considérable dans mes affaires, entre dans ma chambre avec une liasse de papiers à faire trembler. Vous quitter pour lui est une action si héroïque qu'elle demande récompense. Un peu de piquet ce soir, pendant le travail de M. Voisin, me paraît nécessaire à toute la *cabale*. Je ne sais pourtant si madame de Dangeau ne voudra pas se reposer ; mais je fais si bien sans elle, que, si vous donniez tant soit peu moins à vos passions, vous en seriez bien aise. Puisque j'ai la plume à la main, il faut que je vous écrive une chose que je ne trouverais peut-être de long-temps à vous dire. Est-il vrai que notre ami Legendre a une mauvaise affaire sur le corps ? qu'il court risque d'être révoqué ? J'en serais vraiment bien fâchée : c'est le petit Bontemps qui me l'a dit. Adieu, ma chère tante ; je vous quitte pour M. Thibault, et, en vérité, il ne vous vaut pas.

LETTRE VIII.

A LA MÊME.

Que dites-vous, ma chère tante, de la nouvelle qui vient d'arriver d'Espagne ? Un coup aussi hardi de la part de la reine ne fait-il pas trembler ! et la destinée de madame des Ursins ne fournit-elle pas de grands sujets de méditation ? M. de Cambrai est très-mal ; je suis assurée qu'on prie bien Dieu pour lui à Saint-Cyr, et que vous ne vous y oubliez pas. Je ne voudrais pas une autre charge à la cour, si les plaisirs se soumettaient, comme ils le devraient, au titre de ma charge. Comme nous avons appris d'un bon auteur que tout est supposition, je suppose que vous vous divertirez demain. Madame Voisin m'a fait dire fièrement que vous le lui aviez déjà mandé, et que vous n'étiez pas en peine de sa réponse sur une semblable question. Madame de Dangeau sera revenue ce soir et pour votre jeu, si vous le voulez. Pour moi, je suis toujours à votre service ou à votre refus, également contente, pourvu que vous le soyez et que vous ne me traitiez pas en Néron.

LETTRE IX.

A LA MÊME.

Je ne sais de quel côté me tourner pour louer, pour admirer, pour me réjouir ; je n'ai jamais vu tant de choses ensemble, rien de si aimable. Que vos présens sont rares ! mais que vous vous entendez bien à en faire ! La lettre me transporte; la solidité de Dubois a beau me rappeler à la chaleur de la palatine, à l'utilité des mitaines, aux boutons d'or, aux plus belles toilettes : le billet m'enchante, et il faut l'avoir lu plus d'un jour pour donner attention à tout le reste. Les *belles annales* que vous vous êtes fait apporter ce matin! La solidité ne se trouve pas moins dans vos présens que l'agréable, et tout est, pour moi renfermé dans votre souvenir.

Le dîner que je vais faire me pèse trop, et mes regrets pour celui que je perds sont trop cuisans pour ne vous en pas dire un mot. Je crois même que vous auriez une élégie si je savais faire de bons vers. Mon estomac est débile et souffreteux ; je n'ai point dormi ; j'ai un visage, vous savez à quoi faire contre ; cependant il faudra être gaillarde et avoir le mot pour l'étranger. Dès que je serai quitte du *Ragosgui* (j'écris son nom à la française), j'irai chez vous attendre, avec mon ouvrage ou avec un livre, la récompense de ma docilité ; et je vous avertis que je ne prendrai jamais pour moi ce que vous me dites hier, qu'il ne fallait vous compter pour rien : vous ne voudriez pas payer la plus belle action de ma vie par une injustice telle que celle-là.

LETTRE X.

A MADEMOISELLE D'AUMALE.

1715.

La seule consolation, mademoiselle, à laquelle je sois aujourd'hui sensible, et que j'aie reçue depuis notre cruelle séparation, me vint hier par le mot que vous mîtes au bas de votre mémoire, et par la lettre de madame de Glapion. Qu'il faut être malheureuse pour être consolée ainsi ! Le sujet de commission est affreux ; il me le paraît encore plus aujourd'hui que dans le premier moment ; j'ai senti pourtant quelque plaisir de faire encore quelque chose pour ma tante. Je n'ose lui écrire ; quand me permettra-t-elle de la voir, de l'entretenir, de pleurer avec elle ! Je ne chercherai point à dissiper sa trop juste douleur par des nouvelles du monde ; je n'en entends point qui ne me percent le cœur ; et je l'aime trop pour ne pas ménager sa sensibilité. J'en entendrai moins au Luxembourg où je compte aller ce soir : je quitte pourtant la personne de madame de Dangeau avec beaucoup de regret. Dubois vous dira combien il est surprenant que ma santé se soutienne : tout ce que j'en veux, c'est qu'elle me permette d'aller à Saint-Cyr, dès que ma tante y consentira. Si vous entrevoyez, mademoiselle, un moment favorable pour le proposer, levez bien, je vous en conjure, toutes les difficultés : je ne mènerai point de femmes avec moi ; je ne suis ni difficile, ni incommode en rien ; je partirai au premier attendrissement. Je vous remets mes intérêts les plus chers et mes désirs les plus vifs entre les mains. Que j'aille voir de mes propres yeux ce miracle de sainteté et de courage ! Quel coup ! quelle chute ! et quelle fermeté !

LETTRE XI.

A MADAME DE MAINTENON.

1715.

Les nouvelles que j'ai de votre santé, ma chère tante, soutiennent la mienne. Une partie du miracle qui s'opère en vous rejaillit sur moi : plus de colique, et ce qui l'a suivie est si peu de chose que je ne daigne pas m'en plaindre. Mon fils, le chevalier, m'écrit de Perpignan qu'il n'est point parti pour l'Espagne. Il conduira son régiment à Montpellier où il sera réformé; il viendra ici, et sa conduite me dira combien il est triste d'être mère. J'attends aussi mon mélancolique; j'ai de quoi souffrir et les loger parfaitement. Je ne vois presque plus madame de Dangeau, parce qu'elle se pique d'une belle passion pour son mari. Quand me permettrez-vous d'aller à Saint-Cyr ? Je m'y traînerais de mon pied. Le concierge du

Luxembourg vient de me dire enfin qu'on me laisse mon logement; je vais donc m'y arranger. J'ai trente louis à vous : à quel pauvre voulez-vous que je les donne? car, si vous êtes lasse des hommes, vous ne l'êtes pas encore des malheureux.

LETTRE XII.

A LA MÊME.

10 *septembre* 1715.

C'est un délice que de se lever matin ; je regarde par la fenêtre tout mon empire, et je m'enorgueillis de voir sous mes lois douze poules, un coq, huit poussins, une cave que je traduis en laiterie, une vache qui paît à l'entrée du grand jardin, par une tolérance qui ne sera pas de longue durée. Je n'ose prier madame de Berri de souffrir ma vache ; hélas ! c'est bien assez qu'elle me souffre ! Je verrai pourtant ce que produira la protection de madame de Clermont, sous laquelle je me mettrai. Je prierai, dans les termes que vous me prescrivez, qu'on m'envoie Davon ou votre favorite, ou ma pauvre petite Moucheux. Mon *Brindi* (1) est arrivé plus grand, plus noir, plus rouge que vous ne sauriez l'imaginer. Je suis bien contente des sentimens qu'il m'a montrés ; le pauvre enfant voulait vous aller voir à Saint-Cyr : il croit qu'il n'y a qu'à se présenter, et ne sait pas que chez vous la solitude est encore plus impénétrable que la cour. La duchesse de Noailles m'a mandé qu'elle me viendrait voir aujourd'hui ; c'est pour la seconde fois. Je lui dirai tout ce que vous m'écrivez pour la vraie nièce ; la fausse ne trouve pourtant guère plaisant de voir ses projets si reculés. La pauvre Barneval est ici, et pour huit jours seulement, chez madame de Brancas ; passé ce temps, elle ne sait où donner de la tête : je voudrais bien la pouvoir prendre chez moi. Madame d'Elbœuf, mademoiselle de Mailli, ma-

(1) M. le comte de Caylus, son fils.

dame de Pompadour, mesdames de Remiremont et d'Espinoy, monsieur le maréchal d'Harcourt me demandent de vos nouvelles avec le même empressement que si vous étiez encore reine de l'univers. Madame de Dangeau devait vous écrire hier : nous nous rencontrâmes à la messe aux Carmes, où je vais par le jardin, en chaise ; ce qui ne durera, non plus que la liberté de ma vache, que jusqu'à l'arrivée de cette duchesse. Bonjour, ma chère tante, louez un peu ma soumission de ne pas envoyer tous les jours à Saint-Cyr.

LETTRE XIII.

A LA MÊME.

Ce n'était pas sans quelque soupçon du jugement que vous avez porté de mes deux projets (1) que je vous les avais confiés; non

(1) L'un de ces projets concernait le logement de madame de Maintenon à Saint-Cyr, et l'autre la maison de plaisance que madame de Caylus se proposait d'habiter dans ce village pour se rapprocher de sa tante.

que je ne les crusse moi-même très raisonnables, mais par la connaissance que j'ai de cet oubli de vous-même d'un côté, et de cet esprit de Néron de l'autre. Cependant, ma chère tante, vous convenez que je pourrai aller à la ménagerie ou à Trianon. Pourquoi me remettre au printemps ? Eh ! l'hiver me tuera avant que je puisse profiter de la belle saison. Il est vrai que M. Fagon est fort occupé, et que mes affaires en souffrent ; mais c'est pourtant mon bel endroit. Madame de Dangeau n'est point malade ; j'ai passé le jour chez elle. Le maréchal de Villeroi m'avait envoyé demander, hier au soir, si je voulais lui donner à dîner, ou me trouver chez madame de Dangeau. Ah ! bon Dieu m'écriai-je, lui donner à dîner ! je ne suis pas si sotte : il n'y a point de comparaison entre en recevoir ou en donner ; j'irais à quatre pattes pour éviter ce dernier inconvénient, dussé-je y faire la plus méchante chère du monde. J'ai donc été au rendez-vous. On ne veut point à Charenton de la fille de madame de Barneval: Madame de Villette est hors d'affaire ; j'en suis ravie, et pour elle et pour sa famille ; elle a quelques vues pour notre régiment. Je n'aurais jamais cru avoir un souvenir tendre pour Benoit ; vous me l'avez inspiré. Pour le frère de madame de Glapion, il ne m'étonne pas ; il a raison. Qu'il serait aimable de vivre avec de tels gens ! Que ceux qu'on trouve ici sont différens !

LETTRE XIV.

A LA MÊME.

3 décembre 1716.

La mort et l'affliction me poursuivent partout : M. le maréchal d'Harcourt est tombé en apoplexie ; vous êtes, ma chère tante, ma seule consolation. Si la pauvreté était honteuse, les plus riches ne seraient guère présentement en droit d'insulter aux plus misérables. Vous n'avez jamais vu, ma chère tante, et vous ne sauriez vous l'imaginer, l'extrémité où l'on est : on ne peut tirer un sou de personne. J'ai reçu l'argent que vous m'avez envoyé, comme si c'étaient des galions. Je ne sais aucune nouvelle du roi d'Angleterre ; M. le maréchal de Villeroi vous en dira ; il vous apprendra la mort de madame de Louvois, si vous ne la savez pas. C'est une grande perte pour les pauvres.

Adieu, ma chère tante ; permettez-moi d'espérer encore au lundi ; vous trouverez sans doute que je suis bien incorrigible sur l'espérance. Le roi se porte bien, mais d'une opiniâtreté épouvantable, ce qui ne se corrigera point.

FIN.

www.ingramcontent.com/pod-product-compliance
Lightning Source LLC
Chambersburg PA
CBHW070654170426
43200CB00010B/2230